우리는 왜 얼굴에 혹할까

우리는 왜 얼굴에 혹할까

심리학과
뇌과학이
포착한
얼굴의
강력한 힘

최훈 지음

현암사

차례

들어가는 글:
얼굴은 단순히 얼굴이 아니다 _9

1부 얼굴을 읽다

1장 왜 얼굴일까?

- 정보의 창고, 얼굴 : 얼굴로 하는 소통 _19
- 눈, 코, 입을 자유롭게 바꿀 수 있다면 : 전역적 처리 _25
- 얼굴도 바로 서야 얼굴이다 : 역전 얼굴 효과 _31

2장 나는 내 얼굴을 모른다

- 나는 어떻게 생겼을까 : 얼굴의 딜레마 _39
- 얼굴은 누구를 위한 것일까 : 불쾌한 골짜기 현상 _45
- 내 머릿속의 두 사람 : 뇌의 편재화 _52
- 공들여야 하는 얼굴 방향이 있다 : 우반구 우세성 _59

3장 타인을 알아보는 힘

- 한 번 본 얼굴을 기억하다 : 얼굴 재인 _67
- 얼굴을 알아보지 못하는 사람들 : 안면실인증 _73
- 목격자의 진술을 믿을 수 있을까? : 타인종 효과와 무의식적 전이 _78
- 얼굴을 보고 이름을 떠올려라 : 명명과 설단현상 _85
- 선글라스와 마스크, 당신의 선택 : 문화 차이와 얼굴 읽기 _91

4장 얼굴에 내 마음이 있다

- 관상은 과학이다? : 가용성 편향 _99
- 얼굴로 성격을 판단할 수 있을까? : 찰나의 판단 _103
- 표정도 통역이 되나요? : 표정의 보편성 _110
- 얼굴은 거짓말을 못 해 : 폴 에크만의 미표정 _117
- 눈으로 욕을 할 수 있는 이유 : 마음이론 _123
- 진짜 웃음은 만들어낼 수 없다 : 뒤센 미소와 팬암 미소 _130
- 표정도 연습이 필요하다 : 표정과 얼굴 근육 _139

2부 매력을 보다

5장 얼굴에 있는 힘, 매력

- 얼굴에서 가장 강력한 힘 : 매력의 후광 효과 _149
- 개인의 취향을 넘어서다 : 매력의 보편성 _155
- 아름다움을 만들어내는 비율을 찾아서 : 대칭성의 매력 _160
- 중간이 가장 좋은 겁니다 : 평균의 매력 _167
- 사랑해서 닮는다 vs. 닮아서 사랑한다 : 유사성의 효과 _173
- 찬란한 젊음의 아름다움 : 젊음과 노화 _180
- 외모를 몰아주긴 했는데… : 집단과 개인의 매력 _192
- 얼굴에도 순서가 있다 : 순응 효과 _199
- 세상의 중심에서 매력을 외치다 : 매력 확산의 위치 효과 _204
- 그대는 왜 아름다운가 : 미의 법칙 속 숨겨진 메커니즘 _210

6장 얼굴에 심리학을 더하다

- 가장 아름다운 착시, 화장 : 델뵈프 착시 _219
- 백설 공주가 미인인 이유 : 얼굴 밝기와 대비 _226
- 얼굴에 붉은색을 더하라 : 입술 색과 착시 _234

- 남성에게 눈썹 화장을 허하라 : 대비와 인상 _241
- 그는 왜 안경을 쓰는가? : 매력과 능력의 상관관계 _249
- 얼굴이 변화에 적응하는 시간 : 얼굴 표상의 가소성 _255
- 마스크를 벗어 던지다 : 가림의 과학 _260

7장 0.1초가 만든 족쇄, 첫인상

- 첫인상은 대통령도 바꾼다 : 첫인상의 시간 _273
- 순간의 인상이 10년을 좌우한다 : 초두 효과와 정박 효과 _279
- 첫인상을 극복할 수 있을까? : 득실 효과 _285
- 나를 좋아해 주는 사람이 좋아요 : 호감의 상호성 _291

에필로그:
왜 얼굴에 혹할까? _297

주 _300

들어가는 글

얼굴은 단순히 얼굴이 아니다

"너, 영철이 아들이지?"

처음 본 아저씨였다. 아무리 머릿속을 뒤져도 이 아저씨에 대한 기억은 전혀 없다. 처음 본 사람이 나를 알고 있다. 그래도 당황하지는 않았다. 흔히 있는 일이었으니. 내 얼굴에는 아버지가 있었다.

아버지는 무척이나 강한 유전자를 소유했다. 내 얼굴과 형의 얼굴은 아버지의 얼굴과 판박이다. 특히 형과 나는 친구들도 구분하기 힘들어할 정도로 닮았었다. 그래서 어렸을 때는 집에 손님이 오신다고 하면, 나는 그 손님이 누구인지도 모른 채 그냥 동네의 가장 큰 건물 앞에 가 있었다. 그곳을 서성이고 있으면 아버지의 손님이 먼저 나를 알아보고는 반겼다. 내가 우리 아버지의 아들이 아닐 확률은 전혀 없을 것이라는 확신을 품고. 그런데 바로 그다음, 가슴을 후벼 파는 소리가 나왔다.

"너도 아버지처럼 생겨서 공부 잘하겠다!"

아버지는 공부를 잘하셨다. 형도 잘했다. 하지만 그 사실이 내 공부 실력을 보장하는 건 아니지 않은가? 굳이 "아닌데요"라고 답변해서 분위기를 어색하게 만들고 싶지 않아서 그냥 멋쩍은 웃음으로 대답을 대신했다.

그런데 이 질문, 듣고 보니 뭔가 이상하다. '너도 아버지처럼 생겨서?' 내가 아버지의 얼굴과 똑같이 생겼다고 해서 성격, 성적, 운동신경도 똑같아야 하나?

우리는 무의식중에 얼굴이 비슷하면 모든 것이 다 비슷할 것이라고 생각한다. 실은 나도 그렇다. 내게는 아이가 두 명 있는데, 그중 둘째는 누가 봐도 나와 그 아이의 유전적 관계를 쉽게 떠올릴 수 있을 만큼 닮았다. 그래서인지 둘째 아이가 뭔가 잘못했을 때 아내는 나를 째려본다. 나를 닮아서 둘째 아이가 그런 행동을 했다는 듯이….

쌍둥이는 어떨까? 내가 다닌 초등학교에는 쌍둥이가 있었는데, 처음에는 둘이 매우 닮았다는 점을 신기해했지만, 나중에는 둘이 다른 점이 있다는 점을 더 신기해했다. 이렇듯 사람들은 얼굴은 단순히 얼굴로만 받아들이지 않는다.

우리는 하루에 매우 많은 얼굴들을 대한다. 침대에서 눈을 떠서 마주하는 가족, 직장에서 마주하는 동료들, 지하철과 길거리에서 스치며 지나가는 나와 관련이 있는 듯 없는 듯한 얼굴들을 만난다.

그 얼굴들을 보고 그 얼굴의 주인을 알아보고 그들과 서로 상호작용하며 살아간다. 아마도 우리 인간에게 가장 중요한 시각적visual 자극이 있다면, 그것은 얼굴일 것이다.

우리 마음이 세상을 보는 방법, 즉 시지각visual perception을 전공하는 지각 심리학자인 나에게 가장 흥미로운 자극도 바로 얼굴이었다. 얼굴은 그 자체가 물리적으로 복잡하다는 점만으로도 매우 흥미롭지만, 그보다 얼굴을 통한 소통이 인간이 상호작용하는 가장 기본적인 방식이라는 사실이 나의 관심을 끌어당겼다.

얼굴에는 수많은 이야기가 담겨 있다. 이를 심리학적으로 표현하자면 '얼굴에는 매우 다양한 정보가 있다'라고 하겠다. 물론 관상에서 말하는 것처럼 한 사람의 인생 전반이 담겨 있다고까지는 말할 수 없다. 그렇지만 얼굴은 내가 누구인지, 내가 지금 어떤 마음을 가지고 있는지, 내가 지금 어느 곳에 관심이 있는지, 내가 몇 살인지, 내가 남성인지 여성인지, 내가 얼마나 매력적인지, 내가 얼마나 건강한지 이야기한다. 그리고 상대방은 내 얼굴의 이야기를 부지런히 받아들이고 해석하며 나와의 소통을 이어간다. 얼굴로 나의 성적을 예상했던 아버지의 친구처럼 언제나 옳은 것은 아니지만, 그래도 우리는 이 노력을 계속하고 있다.

인류는 매우 오랫동안 얼굴로 소통을 하기 위해 노력해 왔다. 얼굴을 읽는 일은 의사소통에 있어 필수적인 일이라고도 할 수 있다. 그러나 우리는 어느 순간 얼굴에 대해 말하는 것을 머뭇거리게 되었다. '표지로 책을 판단하지 마라(Don't judge a book by its cover)'라는 서구권의 속담이 있다. 겉모습으로 본질을 판단하지 말라는 뜻의 이 속담에서 우리는 두 가지를 읽어낼 수 있다. 첫째, 우리가 무언가를 판단할 때 겉모습이 큰 영향을 끼친다는 것이고, 둘째로 그것이 바람직하지 않다는 것이다.

겉으로 나타나는 모습에 대상의 본질이 일부 반영되어 있음은 명확하지만, 모든 것이 담겨 있지는 않다. 따라서 겉모습으로 그 대상을 판단하는 것은 위험하고 지양해야 한다. 하지만 그렇게 하기가 쉽지 않으니 속담까지 만들어지지 않았겠는가?

특히 얼굴이 품고 있는 다양한 정보 중 가장 강력한 정보인 '매력'은 우리가 얼굴에 대해 이야기하기를 더 어렵게 한다. 후광 효과로 설명되는 얼굴 매력의 효과, 즉 얼굴이 매력적이면 그 사람의 모든 면이 좋게 느껴지는 경향은, 다양한 차별이나 외모지상주의와 같은 부정적인 효과를 동반한다. 그렇기에 얼굴의 매력 지각에 영향을 미치는 요인들이나, 매력 지각의 기제를 이야기하는 것은 조심스러운 일이다. 소위 말하는 얼평(얼굴 평가)이나 성차별과 연관되거나, 자칫 외모지상주의를 옹호하는 것으로 비춰질 수도 있기 때문이다. 하지만 우리는 이미 그런 사회적 요소들에 영향을 받으며 살아가고 있고, 그에 기반해 타인을 얼굴로 판단하는 과정 또한 자연스럽고 자동적으로 일어나고 만다. 그러니 어떤 인식들이 우리의 심리에 보편적인 영향을 끼친다는 점도 부정할 수 없는 사실이다.

이 책에서 나는 얼굴에 대해서 이야기하려고 한다. 이 책은 가치관이나 윤리가 아니라, 정보와 인식에 대한 이야기이다. 얼굴에 어떤 정보들이 담겨 있는지, 그 정보들을 우리가 어떻게 받아들이고 해석하는지, 더 나아가 우리가 얼굴로 어떤 정보들을 어떻게 내보일 수 있는지 살펴보자.

PS. 출연진들

얼굴에 관한 이야기인 만큼 이 책에는 다양한 얼굴들이 출연할 계획이다. 그런데 초상권 문제로 얼굴 사진을 책에 담기가 쉽지 않다. 흔쾌히 자신의 얼굴을 내준 호인들이 있었으니, 그들을 잠시 소개할까 한다.

우선 가장 빈번하게 등장하는 사람은, 호인은 아니지만 발등에 불이 떨어져 자신의 사진을 헌납한 사람으로, 바로 나다. 여러분은 내 사진을 이 책을 통해 아주 지겹도록 볼 것이다. 독자분들의 스

본 책에서 심심치 않게 등장할 얼굴들. 왼쪽부터 최훈, 최극남, 최무남, 최지아이다.

타일이 아니더라도 용서해 주기 바란다.

그 외에 몇 명의 사람들이 등장한다. 순서대로 최극남, 최무남, 최지아 삼남매인데, 이들이 누구인지는 본문 속에서 자세히 언급할 테니 궁금증은 잠시 참아주었으면 한다. 그럼 이들과 함께 얼굴의 세상으로 떠나보자.

1부

얼굴을 읽다

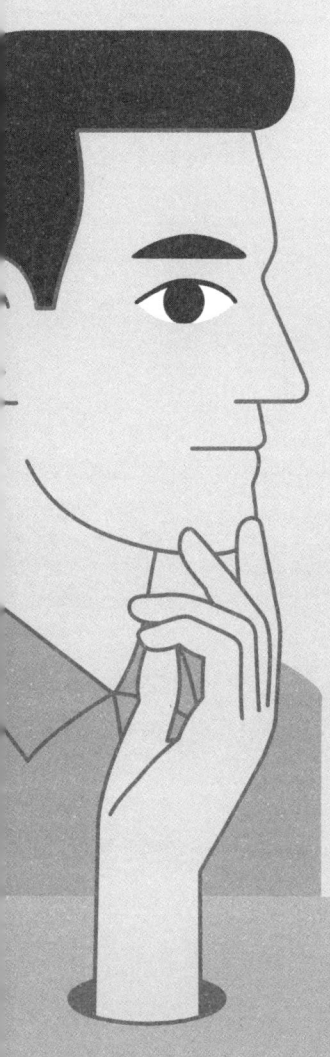

1장

왜 얼굴일까?

정보의 창고, 얼굴
얼굴로 하는 소통

    감미로운 음악이 흐른다. 아름다운 조명, 맛있는 음식, 모든 것이 너무나 좋다. 즐겁게 웃으며 연인을 바라본다. 잠시 동안의 눈 맞춤. 연인이 시선을 돌린다. 어색한 표정과 행복해 보이지 않는 얼굴. 깨달았다. 오늘 우리는 이별할 것이다. 연인의 얼굴이 말해주었다.

    이처럼 주고받은 백 마디 말보다 한순간 바라본 얼굴이 더 많은 것을 말해줄 때가 있다. 말은 언어적인 요소이고 얼굴은 시각적인 요인이니, 따지고 보면 말이 더 많은 것을 전달할 것 같지만 꼭 그렇지만도 않다. 얼굴은 많은 정보들을 담고 있어 직관적이고 즉각적으로 그것들을 전달한다. '상견례 프리패스 상'이라는 말을 들어본 적이 있을 것이다. 상견례 자리에서 결혼 상대자의 부모님께 한눈에 좋은 평가를 받을 것 같은 인상을 뜻하는 말이다. 이렇듯 얼굴로 한 사람을 판단하는 것은 우리에게 흔히 벌어지는 일이다.

평생을 함께 산 부부도 서로의 속을 모르니, 한 사람을 이해하는 것은 절대 쉬운 일이 아니다. 그런데도 우리는 얼굴만으로도 그 사람을 평가하기에 충분하다고 생각한다. 이상하지 않은가? 한편으로는 얼굴로 타인을 판단하는 게 매우 당연하기도 하다. 우리는 늘 타인에게 얼굴을 공개하고 노출한다. 가장 쉽게 접할 수 있고 겉으로 가장 많은 정보를 보여주는 게 얼굴이니, 우리는 늘 얼굴을 읽으려고 애쓸 수밖에 없다. 얼굴을 보고 또 봐도 별 내용이 없었다면 우리가 이렇게까지 얼굴에 관심을 계속 가지지도 않았을 것이다. 결국 얼굴에서 유용한 정보들을 많이 얻었고, 그 정보가 꽤 정확한 경험을 해왔기에 얼굴을 읽으려는 것이다.

얼굴의 생김새를 보면 그 사람이 누구인지 신원을 파악할 수 있다. 이목구비를 보면 성별과 연령대를 가늠할 수 있다. 표정을 보면 그 사람의 마음 상태를 추측할 수 있다. 시선을 살피면 그 사람의 의도도 알 수 있다. 그 정확성과는 별개로 얼굴로 파악할 수 있다고 믿는 속성들도 있다. 성격, 지적 수준, 고상함, 살아온 역사를 알 수 있다고 믿기도 한다. 심지어 관상으로 사람의 미래를 읽으려 한다. 사람에게 얼굴은 정보의 창고다.

시계를 아주 먼 옛날로 돌려보자. 조선 시대, 고려 시대 정도가 아니라 선사 시대 정도? 아니 그보다 더 오래 전으로 가보자. 인류는 생존을 위해 투쟁하고 있었을 것이다. 다른 동물들에 비해서 신체적 능력이 뛰어나지 않았던 인류가 생존을 위해 선택한 방법은 바로 공동생활이었다. 협력을 통해 생존하려고 했던 것이다.

어떤 연구자는 인류가 택한 가장 중요한 생존 수단이 지능이라고 말하기도 한다. 신체적 능력이 떨어지는 인류는 그 대신 다른 동물들에 비해 지능이 높았고, 이를 발달시키는 방향으로 진화했다. 지능을 높이기 위해서는 뇌가 커져야 했기에 인류는 기본적으로 얼굴(정확하게는 머리)이 몸에 비해 상대적으로 큰, 일명 '얼큰이'의 형태를 지니게 된다. 이렇게 큰 머리를 가지자 출산이 문제가 되었다. 빼어난 지적 능력을 발휘할 수 있는 수준의 머리 크기를 가지면 엄마의 뱃속에서 나올 방법이 없었던 것이다. 그러니 일단 작게 낳아서 크게 키우게 되었고 다른 동물들에 비해 육아 기간이 길어졌다. 안 그래도 신체 능력이 떨어지는데 생존이 어려운 아이들까지 장기간 보호해야 하니, 소규모 가족 단위로는 생존 경쟁력이 낮다. 그래서 인류는 대규모의 공동생활을 선택했다는 것이 또 하나의 가설이다.

어찌 되었건 인류가 생존을 위해 공동생활을 선택했다는 점은 확실하다. 공동생활을 원활하게 하기 위해서는 옆에 있는 동료들과의 소통이 필수적이다. 사냥을 하러 갔을 때도, 동료들과 의사소통을 해야 협업이 가능해진다. 특히 작은 소리 하나도 실패라는 결과를 낳는 사냥에서는 소리를 사용하지 않는 소통이 중요해진다. 몸과 얼굴을 이용하는 비언어적 소통이.

그 결과 인류는 얼굴을 통한 소통에 능하도록 진화했다. 이 작은 얼굴에 80개 정도의 근육이 있다. 근육들을 움직이면 얼굴의 형태가 바뀌어 표정을 만든다. 이 표정을 이용해 나의 정서*를 동료에게 전달한다. '무섭고 두려우니 후퇴하자. 너를 만나 기쁘니 우리 협동하자. 너를 보면 불쾌하니 빨리 도망가라.'

얼굴이 소통을 위해 진화해 왔다는 것을 보여주는 대표적인 사례가 흰자위다. 몇 년 전 흥미로운 기사를 읽은 적이 있다. "왜 인간 눈에만 흰자위가 있나"라는 제목이었다. 사람의 눈에는 흰자위와 검은자위가 있다. 눈의 가장 기본적인 기능은 보는 것이니, 기능의 측면에서 보면 흰자위는 굳이 있어야 할 이유가 없다. 많은 동물들의 눈에서는 흰자위가 잘 보이지 않는다.

그런데 인간의 흰자위는 유독 뚜렷하고 눈에서 넓은 면적을 차지한다. 사람의 눈은 좌우로 길쭉하게 열린 형태다. 눈알이 공 모양인 구형을 띄고 있으니, 흰자위에 해당하는 부위가 더 많이 노출될 수밖에 없다.

동물의 입장에서는 흰자위가 많이 보이는 것이 유리하지 않다.

- 심리학을 정의하면 '인간의 마음을 과학적으로 연구하는 학문'이라고 할 수 있다. 그런데 우리가 보통 '마음' 하면 떠올리는 것은 심리학계에서 말하는 감정(feeling)이 아닌 정서(emotion)다. 둘은 거의 비슷한 개념이긴 한데, 심리학에서는 두 용어를 조금 엄격하게 구분해서 쓴다. 감정이 포괄적으로 더 큰 개념이고, 정서는 분명하고 구체적인, 외적 혹은 내적 자극에 의해 촉발되는 감정을 말한다. 내가 매우 싫어하는 동물을 보고 공포를 느꼈다면 이 공포는 정서이다.

흰자위는 검은자위와 대비가 뚜렷하기에 눈에 띄기 쉽다. 검은자위가 움직이면 흰자위도 함께 움직이는데, 이런 눈의 움직임은 지금 그 동물이 어디를 보고 있는지를 알려주는 단서가 된다. 포식자의 시선은 현재 사냥의 목표물이 무엇인지를 알려주는 힌트고, 피식자가 그 시선을 본다면 도주에 성공할 가능성이 높아진다.

사람도 농경 생활을 시작하기 전에는 사냥을 해서 먹이를 구했을 텐데, 왜 굳이 흰자위의 면적을 넓혔을까? 그 답이 의사소통에 있다. 협력해서 사냥을 하는 입장에서는 시선이 노출되어서 얻는 피해보다 시선으로 동료와 의사소통을 하며 얻는 이득이 훨씬 컸기 때문이다. 실제로 사람은 소통 상대의 흰자위 움직임에 매우 민감하게 반응을 한다. 나와 마주 앉은 사람의 시선이 급격하게 움직이면 나도 모르게 함께 시선이 따라간다. 이는 통제할 수 없는 반사적 행동이다.

팻 시프먼의 『침입종 인간The Invaders』[1]이라는 책에는 흥미로운 이야기가 나온다. 이 책은 현생인류와 네안데르탈인 간의 경쟁에 대해서 다룬다. 예전에는 네안데르탈인이 우리의 조상이라고 가르쳤지만, 최근에는 현생인류와 네안데르탈인은 다른 종이었고 둘의 경쟁에서 현생인류가 승리했다는 설이 지배적이다. 네안데르탈인은 현생인류에 비해 더 높은 수준의 신체 능력을 가지고 있었던 것으로 보인다. 아마도 일대일 대결을 했다면 현생인류는 네안데르탈인을 이기지 못했을 것이다.

그럼에도 현생인류가 승리한 원인으로 다양한 요인을 꼽는데, 『침입종 인간』에서는 현생인류와 늑대에서 가축화된 개의 협업을 중요한 요인으로 이야기한다. 현생인류는 늑대와의 협업을 시도했고 이 협업으로 인해 판정승을 거두게 되었다. '살아 있는 도구'인 늑대를 사용했던 현생인류가 일반적인 도구를 사용했던 네안데르탈인보다 한 발 더 앞섰다는 것이다.

현생인류와 늑대 간의 협업을 용이하게 했던 것이 흰자위다. 흰자위의 움직임이 늑대에게 조용히 자신의 의견을 알려주는 도구가 되었던 것이다. 지금도 개는 다른 동물에 비해 사람의 눈을 응시하는 시간이 길고 눈의 움직임에 더 민감하게 반응한다.

흰자위로 인한 의사소통의 원활함은 생존 확률을 높여주었다. 의사소통의 원활함을 위해서 흰자위를 넓혀갔던 것처럼 우리 인간은 다양한 의사소통이 가능한 형태로 얼굴을 만들어왔다. 그 결과 얼굴 안에 많은 정보를 담게 되었고, 그 정보를 주고받으며 직관적으로 매우 빠른 시간에 그 정보를 해석할 수 있게 되었다.

얼굴은 정보의 창고다. 심리학과 뇌과학은 얼굴을 통한 정보 전달과 소통에 관심을 가져왔다. 얼굴에 있는 정보를 통해 우리가 어떻게 상대방의 신원을 확인하고, 정서를 파악하고, 연령대와 매력을 지각하며, 시선을 통해 의도를 파악하는지를 밝히려 노력했다. 그러니 이제 심리학과 뇌과학이 밝혀온 얼굴 정보의 소통 과정에 대해서 천천히 이야기해 보자.

눈, 코, 입을 자유롭게 바꿀 수 있다면
전역적 처리

"아빠 얼굴 좀 그려줘~"

아이에게 부탁하자 신나게 스케치북과 색연필을 챙긴다.

"아빠는 머리가 꼬불꼬불. 얼굴은 동그래~ 눈을 그리고, 코를 그리고, 입도 그리고 완성!"

아이는 무려 1분이라는 시간을 투자해 열심히 나를 그려주었다. 결과물은 동그라미 안에 점 두 개, 세로 선 하나와 가로선 하나. 제일 위에 붙어 있는 꼬불꼬불한 곡선은 머리카락인가보다.

아이는 점과 선으로 얼굴을 단순하게 그렸지만, 사실 얼굴은 시각적으로 매우 복잡하다. 굴곡이 심하고 그 안에 여러 가지 요소들이 있다. 눈만 봐도 눈꺼풀, 눈썹, 속눈썹, 눈알, 애굣살로 구성된다. 눈알은 또 흰자위와 눈동자로 나뉘고, 눈동자는 또 홍채와 동공으로 구분된다. 이처럼 입체적이고 복잡한 사람의 얼굴을 평면의 그림으로 생생하게 표현하기란 매우 어려운 일이다.

그런데 우리에게는 이 복잡한 얼굴을 단순화하는 놀라운 재주가 있다. 얼굴의 전반적인 형태인 원을 그리고 그 안에 눈, 코, 입만 그리면 짠! 얼굴이 된다. 어쩔 때는 이것도 다 필요 없다. 눈과 입을 생각나게 하는 선 3개만 있어도 얼굴이 된다. 이렇게. -_-

얼굴을 구성하는 요소들을 세부 특징feature이라고 부르는데, 대표적인 세부 특징으로 눈, 코, 입을 늘 수 있다. 그리고 우리는 이 눈, 코, 입, 즉 이목구비耳目口鼻를 얼굴과 동의어로 사용하는 경향이 있다. 2014년에 발표한 태양의 〈눈, 코, 입〉이란 노래의 가사를 보면 눈, 코, 입은 한 사람의 모든 것을 의미한다. 이런 경향은 눈, 코, 입이 나의 얼굴에 있는 가장 중요한 요소이고, 이를 통해서 내 얼굴이 결정된다는 믿음에서 비롯되었을 것이다. 그런데 정말 얼굴은 눈, 코, 입의 합인 걸까?

가끔 우리는 이런 생각을 할 때가 있다. '내 눈이 차은우 같았으면 내 얼굴이 아주 괜찮았을 텐데' '난 얼굴 다른 부위는 다 괜찮은데 코만 이상해. 원빈의 코였으면…' 아마 우리의 얼굴이 조립식이어서, 내 눈을 떼어서 장동건의 눈과 바꿀 수 있다면 흥미롭기는 할 것 같다.

나는 확인해 보고 싶었다. 내 얼굴에 원빈이, 차은우가, 박보검이 있다면 어떨까? 그래서 한번 만들어보았다. 짜잔!

어 그런데…. 이 사람은 누굴까?

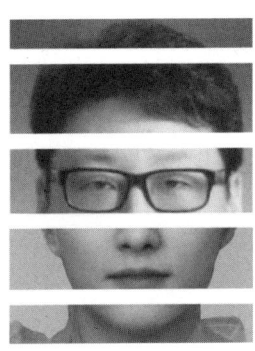

낯선 듯, 낯익은 듯한 얼굴이지 않은가? 사실 여러분들도 다 알고 있는 사람이다. 여전히 모르겠다고? 여러분들의 이해를 돕기 위해 아래의 사진도 제공한다. 좀 감이 잡히는가?

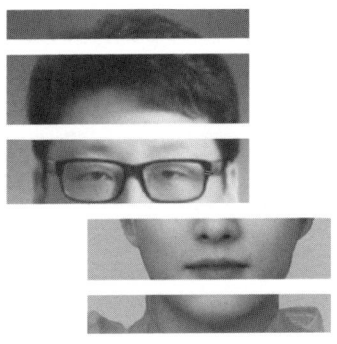

여전히 모르겠는가? 사실 이 사진은 두 명의 얼굴로 만들었다. 머리와 눈 부위가 포함된 윗부분을 담당하는 한 명, 그리고 코와 입을 포함한 하관을 담당하는 또 다른 한 명.

최훈남 속에서 최훈과 최극남을 찾는 것은 어렵다.

이 두 명을 여러분은 이미 알고 있다. 윗부분은 나의 얼굴이고, 아랫부분은 앞에서 언급했던 출연진 중 최극남의 얼굴이다. 극남이에 대해서는 뒤에서 다시 언급하겠지만, 극남이라는 뜻은 '극한 미남'의 줄임말이다. 말 그대로 연예인급의 잘생긴 꽃미남.

그런데 그 극남이의 하관이 나의 윗부분과 함께했을 때(편의상 이 얼굴의 주인공을 최훈남이라고 하자), 어떠했는가? 극남이의 원래 모습을 떠올리기가 쉽지 않았을 것이다.

왜 최극남의 얼굴이 내 얼굴과 만나면 극남이처럼 보이지 않는 것일까? 답은 간단하다. 우리에게 얼굴은 단순한 눈, 코, 입의 합이 아니기 때문이다.

얼굴은 우리에게 너무나도 소중한 존재다. 그 안에는 매우 중요하고 많은 정보들이 있다. 우리는 물체를 볼 때 일반적으로 각각의 세부 특징들을 하나하나 따로 처리한 후 합치는 방식을 사용한다. 얼굴을 볼 때도 이 방식으로 정보를 처리한다면, 눈, 코, 입을 따로 처리한 후에 하나로 합쳐 얼굴을 인식할 것이다. 그러나 그렇게 한다면 정보를 처리하는 데 시간이 오래 걸릴 것이다.

원활한 소통을 위해서는 얼굴의 정보들을 빠른 시간 안에 파악해야 한다. 그러다 보니 우리는 진화적으로 얼굴에 있는 정보를 처리하는 독특한 방법을 터득했다. 바로 눈, 코, 입과 같은 얼굴의 세부 특징들을 따로 처리하는 것이 아니라, 하나로 묶어서 한번에 처리하는 것이다.

그래서 얼굴을 파악할 때는 이목구비 각각의 디테일보다는 전반적인 배열이 더 중요해진다. 동일한 눈, 코, 입을 가져도 각각이 얼굴 어디에 위치하는지에 따라 다른 사람처럼 보이기도 한다. 아래의 사진을 잠깐 보자. 두 사람이 어떻게 보이는가? 동일인처럼 보이는가?

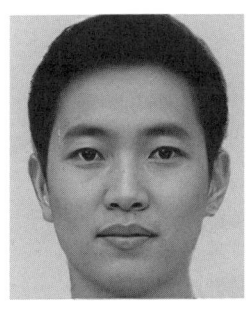 

이 두 사람은 사실 동일한 사람이다. 정확하게 표현하자면, 오른쪽의 사진이 원본이고 왼쪽에 있는 사진은 원본에서 두 눈의 위치를 약간 좌우로 벌린 것이다. 원본에서 눈의 위치를 조금 변경한 것

말고는 아무것도 바뀌지 않았다. 그런데 이 두 사진은 동일인이라고 믿기 힘들 만큼 다른 사람처럼 보인다.

이처럼 우리는 눈, 코, 입을 하나의 패키지로, 전체 얼굴을 하나의 묶음으로 지각하는데, 이런 지각 방식을 전역적 처리holistic processing라고 한다. 우리는 시간과 노력을 들여 얼굴의 세부 특징들을 하나하나 지가하는 대신에, 얼굴의 전체적인 '배열 정보configural information'들을 중심으로 빠르게 얼굴을 지각한다. 그러니 내 얼굴을 내 얼굴로 인식하게 하는 데는 눈, 코, 입의 생김새보다는 눈, 코, 입이 얼굴 내에 어떻게 배치되었는가가 더 중요하다.

간혹 안경이나 화장을 했을 때 전혀 다른 사람처럼 보이는 것은 안경이나 화장 때문에 눈, 코, 입의 배열이 달라진 것처럼 보이기 때문이다. 예를 들어 화장을 할 때 입술을 실제 내 입술보다 더 크게 그린다면, 이목구비의 배열 정보가 미세하게 달라진다. 눈 화장을 할 때도 마찬가지다. 앞트임을 하거나 뒤트임을 한 것처럼 아이라인을 길쭉하게 그리면 눈 사이의 거리가 좁아 보이면서 미세하게 배열 정보가 바뀌기 때문에 새로운 느낌이 든다.

내 얼굴에 박보검의 얼굴이 있다면? 내가 차은우의 눈과 원빈의 코와 현빈의 입을 가졌다면? 만약 원래의 내 얼굴과 동일한 위치에 그대로 바꿔 끼운다면 다른 사람들이 볼 때는 크게 달라지지 않을 것이다.

얼굴도 바로 서야 얼굴이다
역전 얼굴 효과

　공동체 생활을 하는 인간에게 상대방의 신원을 확인하는 것은 매우 중요한 문제이다. 그래서 진화의 역사 속에서 사람들은 얼굴을 보고 누구인지 맞히는 것에 일가견이 있는 얼굴 전문가들이 되었다. 하지만 민감도를 높이면 오경보가 높아지는 것처럼 얼굴을 잘 알아보기 위한 우리의 시각 시스템은 얼굴이 아닌 것을 보고도 얼굴이라고 생각하는 경향이 있다.

　다음 페이지의 이미지를 잠시 보자. 베브 두리틀Bev Doolittle이 쓴 『숲에도 눈이 있다The Forest Has Eyes』라는 책이다. 두리틀은 자연과 인간을 주제로 그림을 그리는 미국의 여성 화가로, 이 표지 또한 두리틀의 작품이다. 이 그림에는 말 두 마리를 끌고 가는 사냥꾼 이외에도 사람의 얼굴이 숨겨져 있다. 몇 명의 얼굴이 있을까?

　어떤 사람은 일곱 명을 찾았다고도 하고, 어떤 사람은 여덟 명을 찾았다고도 하고, 여섯 명이라는 사람들도 있다. 여기 정답은 없

베브 두리틀, 「숲에도 눈이 있다」

다. 알다시피 이 그림에 있는 얼굴은 실제 얼굴이 아니라 돌과 나무일 뿐이니까. 그러나 우리는 사물의 배열 패턴이 얼굴과 조금만 유사해 보이면 그것들을 쉽게 얼굴로 묶어버린다. 그만큼 얼굴은 우리에게 특별하고 친숙한 자극이다.

가오리의 얼굴이 사람과 같다는 말을 들어본 적이 있을 것이다. 가오리의 배 쪽을 보면 입과 콧구멍이 사람의 얼굴처럼 보인다. 입 위에 배열된 콧구멍이 눈처럼 보이는 것이다. 그러나 이건 가오리의 얼굴이 아니다. 목이 없는 물고기에게서 얼굴을 찾는 행동 자체가 모든 생물체를 얼굴을 중심으로 이해하고 싶은 인간의 자기중심적 욕구를 드러낸다.

  인간에게 얼굴이란 이토록 친숙하고 특별한 것이기에 우리는 한 번 본 사람의 얼굴도 쉽게 기억한다. 처음으로 소개팅을 나간 자리에서 만난 사람의 얼굴을 한번 떠올려보자. 평생 단 한 번 본 사람이지만 의외로 많은 사람들이 그 얼굴을 떠올린다. 잠시 내 사진을 보자.

  이제 간단한 기억력 테스트를 해보자. 앞서 제시되었던 내 사진을 보지 않고, 아래의 사진 중에서 내 사진을 찾아보라. 아래 사진 중에서 진짜 내 얼굴은 무엇일까?

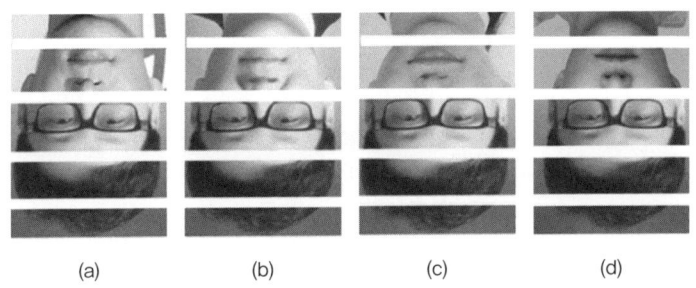

정답은 (b)다. 정답을 확인하고 싶은 사람은 책을 뒤집어 보라. 참고로 (a)는 최훈+남자 연예인A, (c)는 최훈+여자 연예인B, (d)는 최훈남(최훈+최극남)이다. 나의 윗얼굴이 다른 하관들을 만나자 전혀 다른 사람들처럼 보인다.

그런데 정답을 찾는 것이 그렇게 쉽지만은 않았을 것이다. 사진이 똑바로 있었으면 바로 알았을 텐데, 얼굴이 뒤집히면 의외로 알아보기가 쉽지 않다. 우리의 사람을 알아보는 능력은 얼굴이 바로 서 있을 때에만 작동하기 때문이다.

아래의 그림을 보자. 모나리자 그림이 뒤집혀 있다. 특별히 다르다고 느껴지는 부분을 알아차렸는가? 혹시 모르겠다면, 책을 돌려 다시 보라.

책을 돌려서 모나리자를 보라.

그림 속 모나리자의 눈과 입은 위아래가 반대로 돌아가 있다. 뒤집어보면 눈꺼풀이 아래에 있고 아랫입술이 인중에 있는 매우 이상한 모습이다. 그런데 이렇게 이상한 모나리자를 거꾸로 놓고 보면 크게 이상하지 않다.

앞에서 우리는 얼굴을 하나의 묶음으로 처리하기에 눈, 코, 입의 배열이 조금만 달라져도 다른 사람처럼 보인다고 했다. 그렇다면 눈과 입이 뒤집힌 모습이 이상하다는 사실을 쉽게 알 수 있어야 하지 않을까? 그런데 왜 거꾸로 된 모나리자를 봤을 때는 이상한 점을 알아차리지 못했을까? 사진이 아닌 그림이라서 그런 걸까? 아래의 사진을 보자. 얼핏 보면 아름다운 얼굴인데, 위아래를 뒤집어 보면 그 아름다움이 사라진다.

눈, 코, 입을 얼굴 묶음으로 처리하기 위해서는 보자마자 바로 얼굴이라는 것을 인식해야 한다. 요즘에는 스마트폰 카메라로 사진을 찍을 때 얼굴을 인식해서 얼굴 부위를 표시해 주는 경우가 있는데, 시각 시스템도 이와 마찬가지로 기능한다. 이목구비가 실제 얼굴처럼 순서대로 제자리에 배열되어 있어야 얼굴이라는 것을 인식해 묶음 처리가 가능해진다.

위아래가 뒤집힌 얼굴은 입이 눈 위에 있고 눈썹이 눈 아래에 있는 등 배열이 뒤틀려 있다. 그래서 우리의 뇌는 묶음 처리를 제대로 하지 못하고, 이상한 점을 쉽게 알아차리지 못하게 된다. 이를 '역전 얼굴 효과inverted face effect'라고 한다.

사람은 '얼굴 전문가'다. 사람에게 얼굴은 매우 소중하고 중요해서 다른 사물과 다른 방식으로 특별한 과정을 거쳐 처리한다. 단, 이것은 사람의 얼굴이 바로 섰을 때나 가능한 이야기이다. 얼굴도 바로 서야 얼굴인 셈이다.

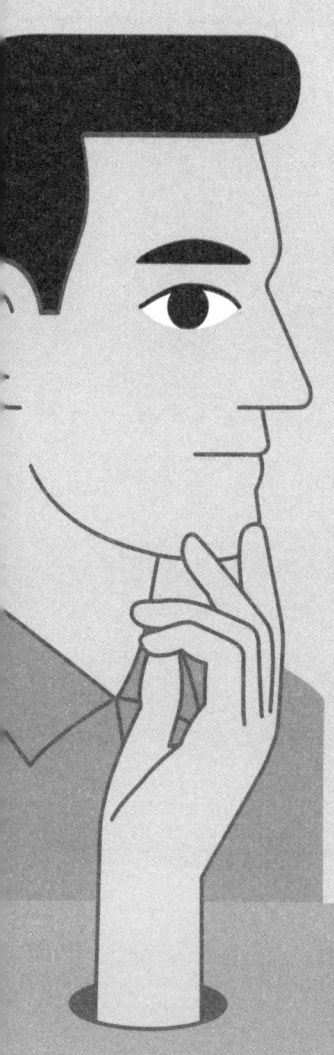

2장
나는 내 얼굴을 모른다

나는 어떻게 생겼을까
얼굴의 딜레마

내 얼굴을 본 사람이 웃으며 지나갔다. 나와 눈이 마주치는 사람들 모두가 웃고 있었다. 대체 왜지? 확인하고 싶어 주위를 둘러봐도 거울이 보이지 않는다. 유리라도 있으면, 아니 숟가락이라도…! 내 얼굴인데 나만 무슨 상태인지 모른다.

얼굴은 참 특이하다. 얼굴과 이름은 내가 누구인지 신원을 알려주는 대표적인 정보다. 신분증에도 모두 이 두 정보를 기입한다. 얼굴과 이름에는 다른 흥미로운 공통점이 있으니, 나보다 남이 더 많이 사용한다는 점이다. 타인은 내 얼굴로 나의 신원과 정서와 나이를 알아본다. 이처럼 얼굴은 타인이 나와 소통할 때 나를 파악하기 위한 수단이다. 나는 굳이 내 얼굴을 보고 나에 대한 정보를 알아내려고 애쓸 필요가 없다. 그러니 따지고 보면 내가 내 얼굴을 잘 보아야 할 필요도 없는 셈이다.

하지만 필요성과는 상관없이 우리는 스스로의 얼굴에 관심이 많다. 내 얼굴을 매력적으로 꾸며 남에게 잘 보이고 싶어 하는 데 국한된 이야기가 아니다. 자신에 대해 알고 스스로의 상태를 확인하고자 하는 것은 기본적인 욕구다. 그러니 나에 대해 중요한 정보를 담은 얼굴을 보고 싶어하는 것도 당연하다.

문제는 스스로의 얼굴을 보고 싶어도 그것이 그리 쉬운 일이 아니라는 점이다. 본다는 행위는 눈으로 이루어지는데 눈은 얼굴에 붙어 있으니 자신의 얼굴을 직접 볼 수가 없다. 그래서 우리는 도구에 의지해 얼굴을 확인한다. 거울과 카메라로 말이다.

거울 속의 사람이 자기 자신이라는 사실을 인지하기란 쉬운 일이 아니다. 거울을 본 많은 동물들이 거울에 비친 것이 자신이라는 것을 생각하지 못하고, 적이라고 생각해서 경계를 하거나 친구라고 생각해 장난을 치려 한다. 이는 사람도 마찬가지다. 사람도 생후 18개월이 되어서야 거울로 자신을 인지할 수 있다.

최초의 거울은 물이었을 것이다. 잔잔한 물은 어느 정도 거울 역할을 해서 얼굴을 보여주었겠지만, 계속 흔들리는 만큼 그리 선명하지는 못했을 것이다. 그래서 인류는 꽤 오래전부터 더 선명하게 얼굴을 비춰주는 거울을 만들기 위해 많은 노력을 기울여왔다. 인류 최초로 제작된 거울 중 하나는 터키에서 발견된 흑요석 거울인데, 기원전 6000년경에 제작되었다고 추측된다. 흑요석은 잘 갈고 닦으면 광택이 난다. 자신의 얼굴을 보기 위해 돌이 거울이 될 때까지 연마하는 풍경을 상상해 보자. 우리가 얼마나 스스로의 얼굴을 보고 싶어 하는지 생생하게 느껴지지 않는가?

현대 사회에서 거울은 에티켓을 위한 필수품이다. 지금 얼굴이 단정한지, 아침에 세팅하고 나온 머리는 그대로 있는지, 어젯밤 필름이 끊길 때까지 달린 알코올의 기운이 느껴지지 않는지, 식사 후 이에 고춧가루가 끼지는 않았는지 수시로 점검해야 한다. 거울은 지금의 내 상태를 고스란히 비춰주는 도구다.

그런데 우리는 가끔 신비로운 마법 거울을 마주하게 된다. 아마 다들 한 번씩은 보았을 것이다. 왠지 내가 더 갸름하고 생기발랄하게 보이는 마법의 거울 말이다. 나는 과거 유학 시절에 스트레스를 먹는 것으로 풀다가 지방이라는 친구를 얻었다. 당시의 나는 내 외모에 변화가 생겼다는 문제를 인식하지 못했는데, 집 거울이 그 원인이었다. 이상하게 그 거울 앞에서만 서면 내가 날씬해 보였기 때문이다.

이처럼 거울은 내 상태를 그대로 보여주지 않는다. 거울에 따라 내가 달라질 수 있다. 왜곡이 발생하기 때문이다. 거울이 제대로 기능하기 위해서는 표면이 완벽하게 평면을 이루어야 하는데, 쉬운 일이 아니다. 거울 표면의 왜곡 외에도 조명, 배경의 색상과 같은 요인들도 거울을 통해 자신의 모습을 인식하는 데 영향을 끼친다. 그래서 쇼핑몰이나 백화점에서 입어보니 너무 잘 어울려서 구매했는데, 집에 와서 다시 입어보니 실망스러워서 환불하러 돌아가는 비극이 발생하고 만다. 물론 왜곡이 늘 나쁜 것은 아니다. 거울의 왜곡을 긍정적으로 이용하기도 한다. 거울을 비스듬히 세우고 카메라 각도를 잘 맞추면 내가 원하는 모습대로 다리가 길고 얼굴이 작아 보이게 사진을 찍을 수도 있으니까.

거울 같은 경우에는 좌우 반전도 일어나는데 이것도 자신의 모습을 왜곡해서 인지하게 한다. 이 좌우 반전이 가져오는 효과는 일단 더 뒤에서 다루겠다.

카메라 렌즈도 마찬가지로 얼굴을 왜곡한다. 최신 핸드폰에는 카메라 렌즈가 여러 개 달려 있다. 카메라 앱에서 렌즈를 바꾸어 선택할 때마다 화면에 잡히는 모습이 달라지는 것을 알아차릴 수 있을 것이다. 일반적으로 DSLR 기준으로 50mm 렌즈가 인간의 눈과 가장 유사하게 피사체를 담는다고 알려져 있다. 이는 두 가지를 시사한다. 첫째, 렌즈에 따라 동일한 피사체도 다르게 찍힌다는 것이다. 둘째, 50mm 안팎의 범위를 갖는 카메라 렌즈가 아니라면 렌즈를 통해 찍힌 피사체의 모습은 우리 눈으로 본 것과는 다르다는 것이다. 결론적으로 거울이든 카메라 렌즈든 이를 통해서 본 내 얼굴은 실제의 내 얼굴이 아닐 가능성이 무척이나 높다.

그렇다면 나는 진짜 내 얼굴을 볼 수 없는 걸까? 내가 내 얼굴이라고 생각하는 얼굴 모양새는 온전한 내 얼굴이 맞을까? 마음속에 가지고 있는 대상의 모습을 심리학 용어로 '표상representation'이라고 한다. '내 얼굴의 표상'과 실제 얼굴을 비교한 연구[2]를 살펴보면, '내 얼굴의 표상'은 실제 얼굴과 꽤 차이가 난다.

우리는 실제 모습보다 눈, 코, 입을 더 크게 생각한다. 눈을 기준으로 얼굴을 위쪽과 아래쪽으로 구분했을 때, 위쪽 얼굴은 더 작게, 아래쪽 얼굴을 더 크게 지각하는 경향이 있다. 눈, 코, 입이 모두 얼굴 아래쪽에 있기 때문에 그 부분을 더 크게 본다는 것이다. 게다가 눈, 코, 입을 실제보다 더 가로로 길게 본다.

그러니 지금 당신이 떠올리는 자신의 눈, 코, 입은 실제 눈, 코, 입을 확대한 버전이다. 뚜렷하고 큰 이목구비를 가지고 싶은 욕심 때문이라고 생각할 수도 있겠지만, 그보다는 눈, 코, 입이 중요하기 때문이다. 뇌과학자들의 주장에 따르면 눈, 코, 입은 다른 부위보다 더 상세한 처리가 필요하기 때문에 눈, 코, 입의 분석을 담당하는 뇌의 영역이 다른 부위를 담당하는 영역보다 크다.

혹시나 좌우 얼굴 비대칭으로 고민인 사람이 있다면 조금은 안심해도 될 것 같다. 애초에 우리는 좌우 얼굴 크기를 다르게 본다. 자신이 주로 사용하는 손에 따라서 인지하는 얼굴 크기가 달라지는데, 오른손잡이의 경우에는 자신의 오른쪽 얼굴을, 왼손잡이의 경우에는 왼쪽 얼굴을 더 크게 지각한다. 이는 우리의 뇌가 좌반구, 우반구로 나뉘어 있고, 각 반구별로 담당하는 기능이 다르기 때문이다.

'내 얼굴의 표상'에 영향을 끼치는 또 다른 요인이 있다. 자존감 self-esteem이다.[3] 자존감은 스스로의 가치에 대한 전반적인 인식을 뜻한다. 자존감은 자신의 얼굴 표상을 만들 때도 영향을 미친다.

자존감이 높은 사람들은 자신의 얼굴을 볼 때 눈과 입을 실제보다 더 크게 지각한다. 큰 눈과 큰 입은 매력도가 높은 사람들이 가지고 있는 특성이라는 점을 고려하면, 자존감이 높으면 스스로 더 매력적이라고 지각한다고 할 수 있겠다.

  이 주장에 역명제를 들고 올 수도 있겠다. 자존감이 높은 사람이 스스로를 더 매력적이라고 지각하는 것이 아니라, 실제로 더 매력적이기에 자존감이 높다고 말이다. 닭이 먼저인지 달걀이 먼저인지의 문제이긴 한데, 그래도 속는 셈치고 먼저 자신을 조금 더 사랑해 보는 건 어떨까?

  우리는 거울에서 스스로를 본다. 내가 보는 얼굴이 실제와 다를지도 모르지만, 내 안에 만들어진 나의 모습은 스스로를 바라보는 시선을 담고 있다. 각자의 마음속에 더 좋은 모습의 자신을 갖기를 바란다.

얼굴은 누구를 위한 것일까
불쾌한 골짜기 현상

 기술 발전은 공간을 새롭게 정의한다. 기차와 자동차가 발명되자 예전엔 짚신 신고 열흘 걸려 가던 길이 하루 생활권 안으로 들어왔고, 비행기가 등장하자 바다 건너 다른 대륙도 쉽게 갈 수 있는 세상이 되었다. 그러나 가장 극적으로 물리적 공간을 무력화한 기술은 단연 인터넷이다.
 인터넷의 등장은 내가 도달할 수 있는 물리적 공간을 넓혔다는 수준을 넘어, 실제 존재하지 않는 가상의 공간을 창출해 냈다. 인터넷에서는 내가 사는 물리적 공간이 중요하지 않다. 온라인이라는 가상의 공간에서 사람을 만나 소통하고 교류하는 새로운 사회 활동을 할 수 있다. 그런데 물리적으로 존재하지 않는 공간이다 보니 상호작용에 몇 가지 어려운 점이 생기기도 한다. 그중 하나가 그곳엔 '내 얼굴'이 없다는 것이다.
 얼굴은 타인과 상호작용을 할 때 많은 이점을 가져온다. 사회적 관계를 맺고 유지하는 데 필요한 신원, 연령, 성별, 정서, 매력 등의 정보를 제공한다. 하지만 이와 같은 기능적인 역할을 고려하지 않더라도 얼굴을 마주하는 것은 그 자체로 중요한 의미를 가진다. 얼굴을 봄으로써 상대가 나에게 우호적인지를 쉽게 파악할 수 있기 때문이다. 온라인상의 만남도 얼굴이 있다면 오프라인상의 만남으로 느낄 수 있다.

이런 이유로 사람들은 온라인 공간에서 자신의 얼굴을 대신할 도구들을 사용한다. 일명 '프사'라고 불리는 프로필 사진이 대표적이다. 많은 사람들이 프로필 사진에 공을 들인다. 모처럼 잘 나온 사진을 골라 올리거나, 원하는 분위기를 연출해서 프로필 사진을 따로 찍기도 한다. 그런데 그 프로필 사진이 진짜 내 얼굴이 맞을까?

사진이 모처럼 너무 괜찮게, 실물과 똑같이 나와서 프로필로 설정했더니, 친구들에게서 박한 평가를 받아본 적이 있을지도 모른다. 같은 사진을 두고 나와 친구의 평가가 갈리는 데는 취향 차이 이상의 원인이 있다. 앞서 설명했듯 내가 생각하는 내 얼굴, '얼굴의 표상'이 실제와 다르다는 점도 그 이유다. 하지만 그보다 더 결정적인 이유가 있으니, 바로 거울이다.

나는 주로 거울을 통해 내 얼굴을 보게 된다. 좌우가 바뀐 얼굴에 가장 익숙해지는 것이다. 반면 친구는 반전되지 않은 원래의 얼굴에 익숙하다. 이 익숙함의 차이가 사진에 대한 의견의 간극을 만들어낸다.

　처음에는 별로였던 것이 계속 보다 보니 정들고, 더 좋아 보이는 경험을 한 적이 있을 것이다. 프랑스 파리의 에펠탑이 '볼수록 정드는' 대표적인 예다. 초창기에 파리의 시민들은 에펠탑을 보고 도시의 흉물이라며 싫어했다. 철골 구조물인 에펠탑이 고풍스럽고 우아한 파리의 분위기를 해친다는 여론이 강했고, 모파상을 포함한 유명 예술가들은 에펠탑 건설에 반대하는 탄원서까지 제출했다. 그런데 오늘날은 어떤가? 에펠탑은 파리의 상징이자 파리 시민들의 자부심이 되었다. 에펠탑이 너무 잘 보인 것이 이 극적인 변화의 원인이다. 에펠탑은 파리의 어느 곳에서나 잘 보인다. 파리의 시민들은 싫어도 에펠탑을 매일 보게 되었다. 그랬더니 신기하게 조금씩 에펠탑이 괜찮아 보였다는 것이다.

　이처럼 반복적으로 봄으로써 해당 사물 혹은 사람에 대한 호감이 높아지는 것을 '단순 노출 효과mere exposure effect'라고 한다. 많은 기업이 엄청난 돈을 들여서 광고를 하는 가장 근본적인 이유이기도 하다. 노출이 많이 되고 자주 보게 되면 해당 상품에 대한 호감이 증가한다. '단순 노출 효과'는 우리의 인식과는 상관없이 발생한다는 점에서 두렵기까지 하다. 특정 대상을 지속적으로 보면 사람들은 그 대상을 보았다는 사실은 물론이고 대상 자체를 기억조차 못해도 선호도가 높아진다. 그만큼 익숙함이란 무섭다.

　내가 너무 나 같아서 고른 사진이 친구들에게는 어색해 보이는 것도, 거울로 좌우반전 된 모습에만 익숙한 나와 나의 실제 모습에 익숙한 친구들의 차이가 반영된 결과다.

기왕이면 다홍치마라고 인터넷에서 내 얼굴로 사용할 프로필 사진을 보기 좋게 만들고 싶은 것은 모두의 바람일 것이다. 주민등록증이나 운전면허증에 들어갈 사진을 찍을 때도 예쁘고 잘생기게 찍어준다는 사진관을 찾아간다. 조명과 노출 시간, 배경을 조정하기도 하지만, 역시 최고의 사진 기술은 보정이다.

과거엔 사진 보정이 전문가의 영역에 속하는 작업이었다. 하지만 이제는 누구나 쉽게 보정할 수 있게 되었다. 그런데 스스로 사진을 보정하다가 가끔 욕심을 부려 과해지기도 한다. 턱을 좀 더 갸름하게, 눈을 좀 더 크게, 팔다리를 좀 더 가늘게 만들었는데, 좋은 느낌이 들기보다 기괴해지는 것이다. 이는 '불쾌한 골짜기 uncanny valley' 현상 때문이다.

불쾌한 골짜기 현상은 원래 로봇 공학에서 제기된 개념이다. 기본적으로 로봇과 같은 인공물이 사람의 형태를 띠면 선호도가 올라간다. 무선 청소기가 지금은 원반 모습을 하고 있지만, 이 모습이 강아지 모양이 되고, 더 나아가서 이족보행 하는 모양이 되면 더 선호도가 증가한다. 그런데 로봇의 모습이 지나치게 사람과 유사해지면 갑자기 선호도가 뚝 떨어지며 불쾌감을 느끼는데 이를 칭하는 개념이 '불쾌한 골짜기'다.

불쾌한 골짜기 개념이 처음으로 소개된 것은 1970년대지만, 대중적인 관심을 받은 것은 영화 〈폴라 익스프레스The Polar Express〉 때문이었다. 2004년도에 개봉된 〈폴라 익스프레스〉는 3D 애니메이션으로, 당시 최고 수준의 컴퓨터 그래픽으로 등장인물을 실제 사람과 구분이 안 될 정도로 정교하게 묘사해서 화제가 되었다. 그러나 흥행에는 실패했는데, 이때 많은 전문가들이 흥행 실패의 원인으로 불쾌한 골짜기를 지목했다. 애니메이션의 등장인물이 인공물(만화)인데 너무 사람과 유사해서 관객들이 불쾌감을 느꼈다는 것이었다. 그 이후에도 〈캣츠〉(2019), 〈명탐정 피카츄〉(2019) 같은 등장 캐릭터를 사람처럼 보이도록 하기 위해서 화려한 컴퓨터 그래픽을 덧씌운 작품들이 흥행에 실패한 이유를 말할 때도 불쾌한 골짜기 현상이 언급되었다.

    그런데 최근의 연구들을 살펴보면 가상의 인물이 아니라 실제 사람의 얼굴에서도 불쾌한 골짜기 현상이 발견된다. 준이치로 세야마Jun'ichiro Seyama와 루스 나가야마Ruth Nagayama는 인간의 눈 크기를 바꾸어보았다.[4] 얼굴에서 눈이 차지하는 크기는 대체로 정해져 있는데 이를 무시하고, 사진 속 인물의 눈을 만화 캐릭터 정도로 크게 키워본 것이다. 그랬더니 과도하게 큰 눈을 가진 얼굴에 대해 참가자들이 매우 높은 수준의 불쾌함을 느꼈다. 특히 불쾌한 골짜기 현상은 친밀한 얼굴일 때 더 강하게 발생했다. 자주 본 얼굴이라면 그 얼굴에 대한 표상이 확실하게 자리 잡고 있어서 작은 변화도 눈에 잘 띄게 된다. 그래서 평상시와 조금만 달라도 이상하다고

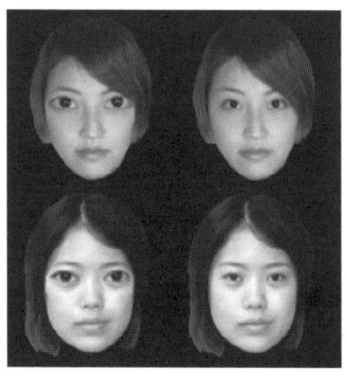

눈을 만화만큼 키운 얼굴(왼쪽)과 원래의 얼굴(오른쪽).

느끼는 것이다.

그러니 프로필 사진을 과도하게 보정하는 것은 권장하지 않는다. 앞에서 언급했듯이 사람은 자신의 눈, 코, 입을 전반적으로 크게 지각한다. 거기에 맞춰서 사진을 보정했기에 스스로는 눈이 지나치게 크다고 생각하지 못하겠지만, 늘 당신의 얼굴을 보던 친구들은 실제와의 차이점에 괴로워할 것이다.

그럼 우리는 어떤 사진을 프로필 사진으로 고르는 것이 좋을까? 내가 보기에 좋은 사진? 아니면 내 지인들이 보기에 좋은 사진? 프로필 사진의 목적에 따라 달라질 것이다. 나를 드러내는 것이 목적이라면 내 마음에 드는 게 우선이겠지만, 오프라인에서도 자주 만나는 친구들과의 상호작용이 주된 목적이라면 친구들의 입장에서 좋아 보이는 사진이 유리할 것이다. 내 얼굴은 내가 아니라 남에게 더 많이 노출되는 사회적 자극이니까.

　내 얼굴의 주인은 누구일까? 나일까? 아니면 나를 보는 사람들일까? 요즘에는 셀카를 찍을 때 좌우 반전이 일어나는 핸드폰 전면부의 카메라가 아니라 후면 카메라를 많이 사용한다고 한다. 해상도 때문이기도 하겠지만, 지각 심리학자인 내 눈에는 자신의 얼굴을 타인의 시선으로 제공해 주려는 배려 같기도 하다.

내 머릿속의 두 사람
뇌의 편재화

간질이라는 병이 있다. '뇌전증'이 공식 명칭이다. 이 질환은 일종의 뇌 장애로 반복적인 발작이 그 특징이다. 발작이 일어나면 전신이 통제되지 않는 위험한 질병인데, 이 발작 증상을 없애주는 효과 좋은 수술법이 있다. '뇌량 절제술corpus callosotomy'이다. 우리 뇌에는 좌반구(좌뇌)와 우반구(우뇌)가 있고, 이 두 반구를 이어주는 부분이 있는데, 이것이 뇌량corpus callosum이다. 이 뇌량을 자르면 뇌전증으로 인한 발작이 없어진다. 간질 발작은 뇌의 어느 한 부위에서 비정상적인 뇌파가 만들어진 다음 이 뇌파가 뇌의 전체로 퍼지면서 일어난다. 이때 두 반구를 연결하는 뇌량을 자르면 비정상적인 뇌파가 한쪽 반구에만 머물고, 다른 반구로 전달되지 않아서 발작이 일어나지 않는다. 즉 뇌량을 잘라 양 반구를 철저하게 분리해 문제를 해결하는 것이다.

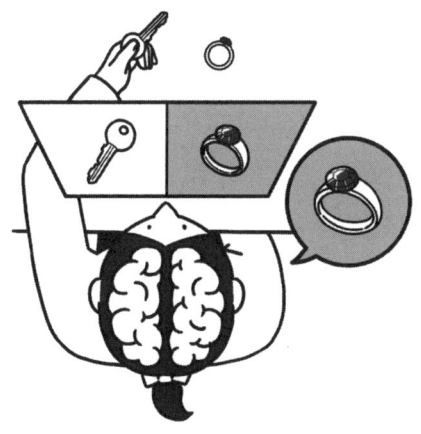

뇌가 분리된 환자들은 반지를 보았다고 말하고 열쇠를 뽑는다.

두 반구를 잇는 뇌량을 잘라도 괜찮은 걸까? 사실 썩 괜찮다. 뇌량 절제술이 처음으로 시행된 것이 1940년이었는데, 그때도 수술 받은 환자에게서 큰 부작용은 발견되지 않았다. 그런데 이렇게 뇌량이 잘린, 그래서 분리된 뇌를 가진 환자들에게서 기묘한 현상이 발견되었다.

양쪽 눈을 뜬 상태로 왼쪽 눈에 열쇠를 보여주고, 오른쪽 눈에는 반지를 보여준다. 그리고는 물어본다. "무엇을 보았는지 말해주세요." 분리 뇌 환자들은 자신 있게 답변한다. "반지요!" 질문이 계속된다. "본 것을 왼손으로 들어보세요." 반지를 보았다고 자신 있게 말했던 환자들은 역시 마찬가지로 자신 있게 열쇠를 들었다. 마치 두 명의 사람이 있는 것처럼.

만일 뇌량이 연결되어 있었다면 이런 반응이 나오지 않았을 것이다. 뇌량을 통해 좌우반구에 입력된 정보들이 오고 가기 때문이다. 분리 뇌 환자가 아닌 일반인들에게 한 눈에 열쇠를 다른 한 눈에 반지를 보여주었다면, 열쇠와 반지가 번갈아 보이는 양안 경쟁binocular rivalry 현상이 발생해, 둘 모두 답하고 손으로 잡을 수 있었을 것이다.

분리 뇌 환자가 두 사람처럼 행동한 이유는 각 반구의 전공 분야가 다르기 때문이다. 뇌에는 단원성modularity이라는 특성이 있다. 단원성이란 뇌의 각 부위가 서로 다른 작업을 수행한다는 것이다. 예를 들어 좌반구의 하측 전두엽에 있는 브로카 영역Broca's area이라는 부위는 '말하기'를 담당해서 이 부위가 손상되면 실어증 증세를 보인다.

뇌의 좌우반구는 각기 담당하는 기능이 다르다. 언어를 담당하는 반구는 좌반구다. 본 것을 '말하라'라는 지시에 답변하기 위해서는 좌반구의 작동이 필요하다. 그래서 좌반구에 있는 정보를 이용해서 답변하게 된다.

그런데 뇌의 좌반구는 몸의 오른쪽을, 우반구는 몸의 왼쪽을 담당한다. 좌반구에는 오른쪽 눈이 본 정보(정확하게는 오른쪽 시야에 있는 정보)가 입력되어 있기 때문에 오른쪽 눈에 보이는 '반지'를 이야기한다. 왼손을 움직이기 위해서는 우반구에서 명령을 내려야 한다. 우반구에는 왼쪽 눈으로 본 정보가 입력이 되는데 위의 예에서는 '열쇠'가 된다. 따라서 왼손으로 본 것을 들라는 지시에 '열쇠'를 들게 되는 것이다.

분리 뇌 환자들의 이런 행동은 좌우반구가 각기 다른 일을 한다는 점을 생생하게 보여준다. 이렇듯 우리 뇌가 수행하는 기능이 특정 반구에 치우쳐 있는 것을 전문 용어로 편재화lateralization라고 한다.

얼굴을 볼 때도 우리의 좌반구와 우반구는 각기 다른 일을 한다. 얼굴 정보 처리 분야의 세계적인 권위자인 앤디 영Andy Young은 왼쪽 눈 혹은 오른쪽 눈에만 사람 사진을 보여주고는 참가자들에게 그 사진 속의 사람이 유명한 사람인지, 아니면 일반인인지 판단하는 과제를 주었다.[5] 너무 쉬워 보이는 과제였지만, 어느 쪽 눈에 사진을 보여주는지에 따라 반응 속도가 달랐다. 사람들은 왼쪽 눈에 사진을 보여주었을 때 더 빨리, 그리고 더 정확하게 사진 속의 사람을 판별했다. 이는 왼쪽 눈의 정보가 입력되는 우반구에서 사람이 유명인인지 아닌지의 여부를 판별하는 기능을 수행한다는 것을 말해준다.

이후로 많은 연구들이 얼굴 정보를 처리할 때 각 반구가 맡은 역할을 밝히는 데 중점을 두었다. 가장 흥미로운 연구는 마이클 버트Michael Burt와 데이비드 페렛David Perrett이 1997년에 수행한 연구다.[6] 그들은 두 명의 얼굴을 보여주고 참가자들에게 어느 얼굴이 더 여성적으로 보이는지 선택하도록 했다. 다음 페이지의 사진을 보라. 어느 쪽 얼굴이 더 여성적인가?

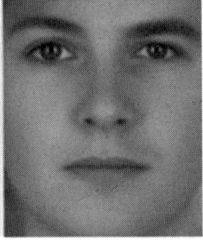

어느 쪽 얼굴이 더 여성적인가?

대부분의 참가자들은 오른쪽 사람을 더 여성적이라고 판단했다. 그런데 사실 이 두 개의 사진은 똑같은 사진이다. 단지 좌우가 바뀌었을 뿐이다. 즉 왼쪽에 있는 사진의 좌우를 뒤집으면 오른쪽에 있는 사진이 된다. 좌우가 바뀌었을 뿐인데 왜 오른쪽 사진이 더 여성적으로 보일까?

사실 이 사진은 두 사람의 얼굴을 합쳐놓은 것이다. 더 정확하게는 여자 얼굴과 남자 얼굴을 합쳤다. 왼쪽 사진의 절반을 손이나 종이로 가리고 보자. 얼굴의 왼쪽 부위에는 남성의 얼굴이, 얼굴의 오른쪽 부위에는 여성의 얼굴이 배치되어 있음을 알 수 있을 것이다. 오른쪽 사진은 좌우가 반대이니 얼굴의 왼쪽 부위가 여성의 얼굴이고, 오른쪽 부위가 남성의 얼굴이다.

눈치가 빠른 독자들은 전체 스토리를 파악했으리라. 얼굴이 남성인지 여성인지를 판단하는 과정에서도 뇌의 편재화 속성을 발견할 수 있다. 얼굴로 성별을 판단하는 작업은 뇌의 우반구에서 담당한다. 따라서 얼굴의 왼쪽 부위를 차지하고 있는 얼굴의 성별에 따라 전체 얼굴의 성별을 판단한다.

얼굴 정보 처리의 편재화를 다루는 연구들은 다양한 주제를 다루며 활발하게 진행 중이다. 현재까지 나와 있는 연구의 결과들을 종합해 보면 우반구에서는 전역적 처리를, 좌반구에서는 세부 특징 기반 처리를 담당한다. 앞서 언급했듯이 세부 특징 기반 처리란 얼굴을 구성하는 눈, 코, 입 등의 세부 특징을 하나씩 하나씩 처리하는 것을 말하고, 전역적 처리란 눈, 코, 입의 배열 정보와 같은 전체적인 정보를 빠르게 처리하는 것을 말한다.

앞서 말했듯 얼굴에 있는 많은 정보는 전역적 방식으로 처리된다. 대략적인 정보로 빠르게 정보를 처리하는 것이 필수적이기 때문이다. 그래서 얼굴을 볼 때 좌반구보다는 우반구가 더 많은 일을 담당한다. 상대방이 누구인지, 어떤 표정을 짓고 있는지, 성별은 어떻게 되는지, 나이는 어느 정도 되는지 우반구에 들어온 정보로 판단한다.

뇌가 좌반구와 우반구로 나뉘어 있고 각 반구별로 전담하는 일이 다르다는 사실이 흥미롭기는 해도 실생활과는 먼 이야기라고 생각할 수도 있겠다. 하지만 조금만 생각해 보면 응용의 여지가 있다.

상대방과 내가 마주보고 있으면 내 얼굴 오른쪽이 상대방의 왼쪽 눈에 입력될 것이다. 즉 상대방의 우반구에 내 오른쪽 얼굴 정보가 전달될 것이다. 그렇다면 어떤 이미지를 남에게 어필하고 싶을 때 오른쪽 얼굴을 중심으로 표현하면 좋을 것이다. 예를 들어 머리에 예쁜 리본을 달고 싶다면 오른쪽에 다는 편이 더 효과적으로 다른 사람의 눈에 띄고 내 이미지로 각인될 것이다.

공들여야 하는 얼굴 방향이 있다
우반구 우세성

오랜만에 친구들이 모인 즐거운 생일 파티였다. 한 친구가 갑자기 핸드폰을 들었다.

"기념으로 사진 찍자! 하나, 둘~"

이런, 지금 각도로 사진에 찍힐 수 없다. 재빨리 위치를 찾으려 부지런히 몸을 움직였다. 친구들이 타박했지만 포기할 수 없었다. 난 왼쪽 얼굴이 더 괜찮으니까.

우리는 경험적으로 특정 방향의 얼굴이 더 매력적으로 보인다는 것을 안다. 창조주가 누구인지 모르지만, 확실한 건 우리를 공장에서 만들지는 않았다. 만약 내 얼굴을 공장에서 찍었다면 왼쪽과 오른쪽이 아주 똑같았을 테니. 간혹 왼쪽 얼굴과 오른쪽 얼굴이 매우 흡사한 사람들이 있긴 하지만, 대부분의 사람들은 왼쪽과 오른쪽 얼굴이 다르다. 그것도 꽤 많이.

양쪽 얼굴이 다르게 생겼다면 그중 선호하는 쪽이 생기는 것도 당연하다. 스스로 보기에 더 나아 보이는 얼굴 쪽이 있기 마련이고, 사진을 찍을 때도 그쪽 얼굴이 보이도록 자리를 잡는다. 당신은 어느 쪽 얼굴이 더 마음에 드는가? 그런데 이 한쪽 얼굴 선호 현상에 패턴이 있다면, 단순한 선호 이상의 이야기가 된다.

흔히 왼쪽 얼굴이 오른쪽 얼굴보다 더 매력적이라는 말을 들었을 것이다. 캔시 블랙번Kelsey Blackburn과 제임스 시빌로James Schirillo는 실험자들에게 2012년에 아래의 그림처럼 동일한 사람의 왼쪽 얼굴과 오른쪽 얼굴을 보여주고는 얼마나 저 얼굴이 매력적인지를 보고하라고 했다. 많은 실험자들이 왼쪽 얼굴이 보이도록 몸을 비틀고 있는 사진을 더 매력적이라고 답했다.[7]

또 다른 연구도 있다. 뉴욕에서 활동하고 있는 사진작가인 알렉스 존 벡Alex John Beck은 프로젝트의 일환으로 사람의 얼굴 사진을 찍고, 그 얼굴을 각각 왼쪽 얼굴 대칭 형태와 오른쪽 얼굴 대칭 형태

왼쪽과 오른쪽 중 어느 쪽 얼굴이 더 매력적인가?

로 만들어 얼굴의 매력도를 평가하게 했다. 그 결과는 대부분의 사람이 왼쪽 얼굴 부분을 대칭시켜 만든 얼굴이 더 매력적이라고 평가했다.

이런 결과들은 왼쪽 얼굴이 오른쪽 얼굴에 비해 실제로 더 매력적으로 생겼음을 보여준다. 〈모나리자〉를 떠올려 보라. 모나리자도 몸을 비틀어 왼쪽 얼굴을 더 노출하고 있다. 다빈치도 경험적으로 알고 있었던 것이다. 왼쪽 얼굴이 더 매력적이라는 사실을.

그럼 왜 왼쪽 얼굴이 오른쪽 얼굴에 비해 더 매력적일까? 언뜻 들으면 이상하게 들리는 질문일 수 있다. 왼쪽 얼굴이 더 매력적으로 생겨서 왼쪽 얼굴이 더 매력적이라 말했을 뿐인데, 여기서 이유를 물어보면 왼쪽 얼굴이 그렇게 생겨서라고 대답할 수밖에⋯. 하지만 최근 여러 연구자들은 앞에서 이야기 했던 뇌의 편재화를 이유로 든다.

앞서 말했듯이 뇌의 편재화는 뇌의 각 반구가 주로 담당하는 기능이 다르다는 의미다. 좌반구는 언어를 다루고 인지적인 판단을 내리고, 우반구는 감정을 느끼고 표현하는 일을 주로 한다. 우리가 느끼는 감정을 풍부한 표정으로 표현하면 무표정인 얼굴에 비해서 더 매력적으로 보인다.[8] 따라서 우반구가 담당하는 왼쪽 얼굴에 표정이 더 강하게 표현되어, 그 결과 왼쪽 얼굴이 더 매력적으로 보인다.

그러니 아마도 많은 사람들이 왼쪽 얼굴에 더 자신감을 가지고

어느 쪽이 더 잘생겼는가?

있을 것이다. 그래서 사진을 찍을 때 중앙을 중심으로 왼쪽에 서서 자연스럽게 왼쪽 얼굴을 노출하고 싶을 것이다. 그러니 사수하라. 왼쪽 얼굴이 보이는 위치를.

위의 두 얼굴을 보자. 그냥 보면 심심하니 두 얼굴 중에서 어떤 것이 더 잘생긴 얼굴인지를 판단하면 더 좋겠다. 어느 쪽 얼굴이 더 잘 생겼는가?

개인의 취향도 조금씩은 있겠지만, 대부분의 사람들은 왼쪽의 사진을 골랐을 것이다. 눈치 빠른 독자들은 앞으로 내가 할 말을 알아차렸을 것이다. 앞에서 사용했던 사진과 너무 비슷하니. 맞다. 이 두 얼굴은 좌우를 바꿨을 뿐 똑같은 얼굴이다.

그런데 같은 얼굴인데도 왜 왼쪽 사진이 더 잘생겨 보일까? 왼쪽 사진의 왼쪽 부분이 더 잘생긴 얼굴이어서 그렇다. 조금 헷갈릴 수 있겠지만, 이 사진의 제작 과정을 들어보면 더 이해가 쉬울 것이다.

나는 매우 비슷하지만 조금 더 잘생긴 얼굴과 조금 덜 잘생긴 얼

최훈100　　　　　　　　최훈60　50:50　최극남60　　　　　　　　최극남100

굴 두 개를 만들려고 했다. 이때 사용되는 유용한 기술이 합성, 즉 몰핑이다. 몰핑의 원본은 내 사진과 앞서 소개한 우리 책 최고의 꽃미남인 최극남의 사진이다. 몰핑 프로그램으로 두 얼굴을 합성하면 합성 얼굴에서 각 원본의 비율을 조절할 수 있다. 내 얼굴을 있는 그대로 쓰면 '나 100% : 최극남 0%'가 될 것이고, 최극남 얼굴을 그대로 쓰면 '나 0% : 최극남 100%'가 된다. 나와 극남이가 동일한 수준으로 합성된다면 '나 50% : 최극남 50%'다. 이처럼 몰핑은 내 얼굴과 최극남의 합성 비율을 조작해 사진을 만들 수 있다.

몰핑을 이용해 두 장의 사진을 만들었다. 하나는 '나 40% : 최극남 60%'인 사진(편의상 최극남60이라고 하자)이고, 다른 하나는 '나 60% : 최극남 40%'의 사진(편의상 최훈60이라고 하자)이다. 두 사진 중에서 더 잘생긴 얼굴은 무엇일까? 정답은 너무 당연하다. 내 얼굴이 조금, 최극남 얼굴이 많이 들어가는 것이 좋으니, 최극남60이 더 잘생겼다.

앞선 테스트의 사진 두 장은 최극남60의 왼쪽 얼굴과 최훈60의 왼쪽 얼굴을 붙인 얼굴이다. 둘 다 왼쪽 얼굴이라서 오른쪽에는 왼쪽 얼굴을 반전해 붙였다. 즉, 오른쪽 사진은 최훈60과 반전된 최극남60의 얼굴이고, 왼쪽 사진은 최극남60과 반전된 최훈60을 붙인 것이다.

뇌는 편재화되어 있고, 얼굴에 대한 정보 중 상당수 많은 것들을 우반구에서 처리한다. 우반구에서 처리하는 또 하나의 얼굴 정보가 매력이다. 앞의 얼굴에서 왼쪽 사진이 더 잘생겨 보이는 것은 왼쪽 사진의 왼쪽 부분, 즉 관찰자인 우리의 왼쪽 눈에 비쳐 우반구로 정보가 들어가는 그 부분이 더 잘생겼기 때문이다.

앞서 우리는 왼쪽 얼굴이 더 매력적이라고 말했다. 그런데 타인이 내 얼굴을 보고 매력을 평가할 때는 오른쪽 얼굴이 더 중요해진다. 매력을 평가할 때는 우반구가 작용을 하니 왼쪽 눈으로 들어오는 얼굴이 더 중요하고, 정면으로 마주 보고 있을 상대의 왼쪽 눈에 내 오른쪽 얼굴이 들어가기 때문이다.

억울하게도 더 매력적인 내 왼쪽 얼굴이 아니라, 오른쪽 얼굴이 내 얼굴 매력에 대한 판단 기준이 되는 것이다. 그래서 왼쪽 얼굴이 더 매력적이지만 화장이나 얼굴을 매만질 때는 오른쪽 얼굴에 더 신경을 써야 하는 아이러니가 생긴다. 즉 얼굴을 꾸밀 때는 장점을 돋보이게 하는 것보다는 단점을 보완해야 한다.

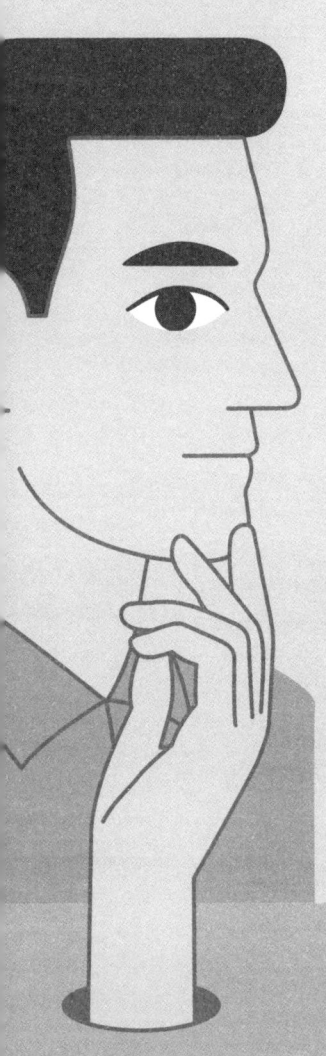

3장

타인을 알아보는 힘

한 번 본 얼굴을 기억하다
얼굴 재인

　그와 눈이 마주쳤다. 알듯 말듯 한 미소. 웃고 있는 건가? 그의 시선이 나를 향하고 있는 듯하다. 누구지? 내가 아는 사람인가? 누구지? 기억해야 한다. 그런데 기억이 나질 않는다.

　상대방이 나를 알고 있는 듯한데 누구인지 기억나지 않는, 이런 진땀 나고 아찔한 경험을 해본 적이 있을 것이다. 학생을 가르치는 교수인 내 경우는 말해봐야 입 아프다. 한때 선생이 된다는 것은 학생과 인연을 맺는 것이니 적어도 학생의 얼굴과 이름은 다 알아야 한다던 나의 믿음은, 이제 지키지 못하는 과거의 맹세가 되어버렸다. 노화로 기억력은 감퇴하는데 학생 수는 늘어나버려, 엘리베이터에서 우연히 학생과 마주칠 때마다 슬그머니 눈을 피하며 스스로의 한계와 나약함을 받아들이고 만다.

　나는 원래 얼굴 외우기에 일가견이 있었다. 시지각을 전공한 것과 관련이 있는지는 모르겠지만, 어릴 적부터 어떤 것을 시각적으로 기억하는 것에 익숙한 편이었고, 특히 얼굴을 매우 잘 외웠다. 나를 아는 사람들은 사업이나 정치를 직업으로 삼으라고 권하기도 했다. 많은 사람을 만나고 얼굴을 기억하는 것이 사회생활에 큰 도움이 되기 때문일 것이다.

공동체 생활을 생존 전략으로 택한 인류에게 같은 공동체에 속한 다른 사람들의 얼굴을 파악해 신원을 떠올리는 것은 무척 중요한 일이다. 우리는 낯선 사람을 처음 만날 때 얼굴을 보이며 이름을 말함으로써 신원을 밝힌다. 이때 제공받은 정보, 얼굴과 이름을 잘 묶어서 필요할 때 잘 꺼내 쓰는 능력은 사회생활이 기본이다.

우리는 하루에도 수십, 수백 명의 사람을 만나고, 얼굴을 보고 이름을 부르며 활발하게 상호작용하며 살아간다. 사람의 얼굴 구조는 시각적으로 매우 복잡함에도 우리는 얼굴을 곧잘 기억하고 이름을 부른다. 과거에 만났던 기억을 떠올리지 못하면 미안해하고 실수라고 여겨 부끄러워할 만큼.

하지만 사람의 얼굴을 보고 이름을 떠올리는 것은 그리 간단한 일이 아니다. 얼마나 복잡한지, 그 과정을 자세하게 기술하면 여러분은 책을 덮고 싶은 마음이 들 것이다. 그러니 복잡한 부분은 일단 생략하겠다. 그래도 한 가지는 말하고 싶은데, 얼굴을 알아보는 것과 이름을 떠올리는 것이 별개의 과정이라는 점이다.

보통은 얼굴을 알아보고 이름을 떠올리는 것을 하나의 과정이라고 여길 것이다. 그러나 실제로는 두 개의 별개 과정이 진행된다. 어떤 얼굴을 보고, 내가 과거에 경험해 알고 있는 얼굴인지 아닌지를 알아내는 과정을 '얼굴 재인face recognition'이라고 하고, 그 얼굴에 이름을 붙이는 것은 '명명naming'이라고 한다. 지금 만난 사람이 내가 알고 있는 사람인 것은 확실한데, 그리고 내가 그 사람을 어디서 만났고, 그 사람과 어떤 일이 있었고, 그 사람 성격이 어떤지도 기억나는데, 이름만이 생각나지 않는 경우(설단현상)를 생각하면 쉽게 이해할 수 있을 듯하다.

앞 장에서도 언급했듯 우리 뇌는 얼굴에 있는 정보를 분리해서 따로 처리하는데, 과정마다 처리하는 속도가 다르다. 어떤 정보는 대략적인 정보만으로도 매우 빠른 시간에 처리하고, 어떤 정보는 상대적으로 많은 시간이 걸려도 더 정교하게 처리한다. 얼굴 재인의 경우에는 대략적인 배열 정보를 기반으로 진행된다. 눈, 코, 입의 상세한 모양 같은 정교한 정보는 무시하고, 이목구비의 전반적인 배열 정보로만 처리하는 것이다. 대략적인 윤곽 정보에 의존하기 때문에 얼굴 재인은 매우 빠른 시간 안에 이루어진다. 얼굴 재인이 처리된 이후에야 추가적인 작업으로 명명이 진행되는 것이다.

얼굴 재인이 빠른 시간에 이루어지도록 시각 시스템이 진화한 이유는 명백하다. 얼굴 재인이 생존에 매우 필수적이기 때문이다. 인류는 생존 전략으로 공동체 생활을 택했다. 타인과의 협업이 필수인데 내 옆에 있는 모든 사람이 나와 협업하는 관계는 아니다.

모든 사람과 평화롭고 행복하게 협업하면서 지낼 수 있다면 행복하겠지만, 우리는 유한한 자원을 두고 경쟁을 해야 한다. 그래서 집단을 구성한 뒤 내 편과 남의 편을 나눈다. 얼굴을 보고 누구인지를 빠르게 알아내서 내 편인지를 판단해야 한다. 내 편이면 다가설 수 있고, 아니라면 도망가야 한다. 그래야 내가 살 수 있다.

 흥미로운 것은 이렇게 내 편과 남의 편을 나누는 일이 사람의 얼굴을 구별하는 데서 끝나지 않는다는 점이다. 우리 뇌는 다른 영역에서도 보다 효율적으로 정보를 처리하기 위해서 편을 가르는 범주화를 적극적으로 활용한다. 그 결과 범주에 따라 기본적인 지각에도 차이가 생긴다. 예를 들면 내가 속한 집단 내 구성원들 간의 차이점은 축소하고, 우리 집단의 구성원과 집단에 포함되지 않은 외부인의 차이점은 확대한다.

 아래 그림은 이런 경향성을 보여주는 간단한 예다. 왼쪽 그림과 오른쪽 그림 모두 1번에서 6번까지 6개의 선이 있다. 번호가 같은

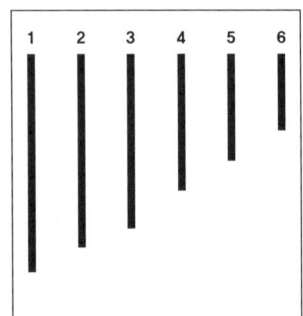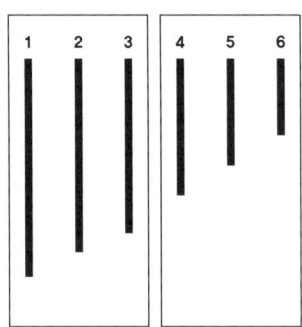

선은 길이도 동일하다. 3번과 4번의 길이 차이도 동일한데, 이상하게 오른쪽 그림에서 그 차이가 훨씬 커 보인다. 왼쪽 그림에서처럼 1번에서 6번까지 모든 선이 하나의 집단으로 묶일 때는, 모두가 내 집단의 구성원이기 때문에 구성원간의 차이를 축소해서 지각하려는 경향이 있다. 그런데 오른쪽 그림에서처럼 1번~3번과 4번~6번을 묶어서 다른 집단을 구성하면, 다른 집단에 속하게 된 3번과 4번 선 사이의 차이를 확대해서 지각하게 된다.

이런 착시 때문에 가끔은 주의해야 할 일이 벌어진다. 두 사람이 하나의 집단으로 너무 강하게 묶이면 두 사람의 차별점이 사라져서 변별이 잘되지 않는 경우가 발생한다. 대학 시절 나에게 친한 친구가 한 명 있었는데, 그 친구와 나를 헷갈려 하는 사람이 많았다. 나와 친구의 얼굴 생김새는 상당히 달랐는데도 말이다. 내 친구는 피부색이 어둡고 눈썹이 매우 진했으며 눈도 쌍꺼풀이 있고 컸는데, 나는 얼굴색이 붉은 편이었고 눈썹이 연했으며 쌍꺼풀도 없었다. 그나마 닮은 점이라면 덩치가 비슷했고 곱슬머리라는 정도였다. 하지만 많은 사람들이 우리 둘을 구분하기 어려워했고, 지금도 그 효과가 지속되고 있다.

얼굴 재인이 우리의 생존에 너무나도 필수적이기 때문에 시각 시스템은 매우 빠른 시간 안에 얼굴 재인을 완료할 수 있는 기제를 발달시켜 왔다. 속도를 높이다 보니 정확도가 떨어지는 일종의 트레이드오프trade-off도 발생한다. 그래서 얼굴을 보고도 누구인지 알아차리지 못한다거나, 그 이름을 제대로 부르지 못하는 일들이 발생한다.

얼굴을 알아보지 못하는 사람들
안면실인증

어느 여성과 눈이 마주쳤다. 매력적인 그녀에게 끌림을 느꼈다. 이러면 안 되는데, 나에게는 여자친구가 있는데, 저절로 입술이 움직였다.

"처음 뵙겠습니다. 너무 매력적이시네요."

"풋! 야! 너 왜 그래."

다시 보니 여자친구였다.

이는 TV 프로그램에서 어떤 연예인이 밝힌 경험담이다. 그 연예인은 자신이 얼굴을 심각하게 알아보지 못한다며, 연인을 알아보지 못했던 에피소드를 말해주었다.

이렇게 유난히 다른 사람의 얼굴을 잘 기억하지 못하는 사람들이 있다. 우리는 얼굴 기억 전문가이지만, 동시에 많은 상황에서 얼굴을 기억해 내는 데 실패하기도 한다.

『보이지 않는 고릴라The Invisible Gorilla』라는 저서로 유명한 심리학자인 대니얼 사이먼스Daniel Simons는 재미있는 실험을 했다. 그는 대학의 캠퍼스에서 길을 가던 어떤 사람에게 길을 물었다. 그 사람이 사이먼스에게 길을 자세하게 알려주던 도중, 일꾼들이 커다란 문을 들고 이 두 사람 사이를 가로 질러 지나갔다. 이때 길을 물어보던 사이먼스는 문을 운반하는 일꾼 중 한 사람과 자리를 바꾼다. 사이먼스는 일꾼인양 문과 함께 그 장소를 떠나고, 일꾼 중 한 명이 원래부터 길을 물어보던 사람인 양 대화를 계속해서 이어나갔다. 이런 상황에서 절반 정도의 사람은 대화 상대가 바뀐 것을 알아차리지 못했다.*

마술사이자 심리학자인 피터 요한슨Peter Johansson은 더 신기한 실험을 했다. 그는 실험 참가자에게 사진을 두 장 보여주었는데, 사진 속에는 매력도가 비슷한 이성이 한 명씩 있었다. 실험 참가자에게 이 두 명 중에서 더 매력적으로 보이는 사람을 선택하라고 했다. 고심 끝에 참가자가 한 명을 선택하면, 그 선택한 사진을 참가자에게 준다. 그리고 왜 그 사람을 선택했는지 그 이유를 물었다.

그런데 요한슨은 마술사다. 그는 참가자가 선택한 사진을 순순히 주지 않았다. 간단한 카드 트릭을 써서 참가자가 선택하지 않은

---

* 실험 내용을 자세히 알고 싶은 독자들은 유튜브에서 'door study'로 검색해 보길 바란다.

쪽의 카드를 줬다. 즉 참가자가 A를 선택했는데, B의 사진을 건네주며 왜 이 사람이 더 매력적인지를 물어본 것이다. 물론 참가자들은 사진이 바뀌는 순간을 포착하지 못했다.

결과는 어땠을까? 사이먼스의 실험을 보면 대충 짐작될 것이다. 대부분의 사람들은 자신이 선택하지 않은 사진을 받았다는 사실을 알아차리지 못했다. 더 놀라운 점은 그 이후에 발생하는데, 자신이 선택하지도 않았던 사람이 왜 매력적인지 열심히 설명했다는 것이다. A는 검은색 머리였고 B는 갈색 머리였다면, B의 사진을 받고 이렇게 이야기하는 것이다. "저는 원래부터 갈색 머리인 사람을 더 매력적이라고 생각했어요!" 이처럼 자신이 어떤 것을 선택했는지, 선택의 진짜 이유가 무엇이었는지를 잊어버리고, 내 눈앞에 놓인 결과를 (진실이 아니더라도) 합리화하는 현상을 '선택맹choice blindness'이라고 한다.

이 실험들로 얼굴 재인의 정확성이 원래부터 그렇게 높지 않다는 걸 알 수 있다. 정보를 빠른 속도로 처리하는 대신 정확성을 포기한 것이다. 얼굴 재인의 속도가 생존에 직결된 과업이었기에 (치명적이지 않은 수준의) 오류를 감당하기로 한 것이다.

하지만 얼굴을 파악하지 못하는 현상이 심각해진다면 이건 오히려 생존에 위협이 된다. 실제로 어떤 사람들은 질환이라고 여길 수준으로 타인의 얼굴을 알아보지 못하는데, 이를 '안면실인증안면인식장애, prosopagnosia'이라고 한다. 앞서 언급한 연인을 알아보지 못했던 에피소드도 그 연예인이 자신이 안면실인증을 가지고 있다며 꺼낸 이야기였다.

그런데 안면실인증이 있다는 사람들은 의외로 많다. 많은 유명 연예인들이 안면실인증을 가지고 있다고 밝혔다. 브래드 피트, 손숙, 신해철, 오정세 등도 안면실인증을 고백한 적이 있다. 조사 결과 세계 인구의 2.5%가 안면실인증을 가지고 있다고 한다. 40명당 1명이라는 이야기다.

'나도 다른 사람 얼굴을 잘 알아보지 못하는데, 혹시?' 하는 생각이 드는 독자도 있을 거 같다. 하지만 단순하게 다른 사람의 얼굴을 잘 알아보지 못하는 수준으로는 안면실인증이라고 말하기 힘들다. 안면실인증으로 고생하는 사람들은, 가족이나 친구들은 물론이고 심한 경우에는 거울에 비친 자신의 모습도 알아보지 못한다.

안면실인증은 뇌에 손상이 생겼을 때 발생하는 경우가 많다.* 뇌과학자들은 뇌의 측두피질** 아래에 있는 방추상회fusiform gyrus 안에 있는 작은 영역인 '방추상얼굴영역fusiform face area, 이하 FFA'를 주목한다. 이 FFA에 손상이 생기면 안면실인증이 발생하는데, 많은 과학자들은 이 영역이 얼굴 정보를 처리하는 영역이라고 믿고 있다.

* 뇌손상 없이도 발생하는 발달성 안면실인증도 있기는 하다.
** 뇌의 대뇌피질을 네 영역으로 구분했을 때 그 중에 측면에 있는 부위

FFA는 우리가 사람의 얼굴을 보고 있을 때 가장 활발하게 활동한다. 사물이나 어떤 자연 풍경을 보고 있을 때는 이 영역의 활동이 (전문 용어로는 활성화 수준이) 매우 약해지는 반면, 사람의 얼굴을 보고 있으면 매우 강해진다. 흥미로운 점은 사람의 얼굴에만 반응을 하고 몸에는 별로 반응하지 않는다는 점이다. 물론 뇌에는 사람의 몸을 봤을 때에만 반응하는 '선조외 신체 영역extrastriate body area, EBA'이 따로 있으니, 뇌가 얼굴만 편애한다는 오해는 하지 말자.

안면실인증은 확실한 치료법이 없다. 안면실인증으로 고생하는 사람은 사회활동에 어려움이 있다. 그래도 사람의 얼굴을 알아보기 힘들 뿐이지 다른 것들을 지각하는 데에는 아무런 문제가 없기 때문에 어려움을 겪어도 사회생활을 할 수는 있다. 얼굴 대신 사람의 신원을 알려주는 다른 정보들을 활용하면 되기 때문이다. 체형, 목소리, 옷차림, 머리 스타일 등으로 큰 무리 없이 지인을 알아본다고 한다.

요즘 얼굴 인식을 잠금 장치로 사용하는 스마트 기계가 많아졌다. 과거에는 얼굴 인식이 컴퓨터가 분석하기 힘든 영역이었는데 이제 조만간 인공지능이 사람보다 얼굴 인식을 더 잘하는 시대가 올 수도 있지 않을까 싶다. 그런데 왜 내 태블릿은 내 얼굴을 볼 때마다 눈을 크게 뜨라고 하는 거지? 아직 갈 길이 먼 것 같다.

목격자의 진술을 믿을 수 있을까?
타인종 효과와 무의식적 전이

사람의 얼굴을 보고 누구인지 아는 것, 즉 얼굴 재인이 우리 일상생활에서 매우 필수적인 요소인 것은 확실하다. 그중에서도 얼굴 재인의 중요성이 극에 달하는 때가 있는데, 바로 목격자 증언을 해야 하는 상황이다. 요즘은 CCTV와 블랙박스가 도처에 있기 때문에 목격자의 증언이 예전에 비해서 덜 중요해진 것 같기도 하지만, 사실 아직도 범죄 수사의 기본은 탐문을 통해 목격자를 찾는 것이다. 목격자의 진술은 수사에서 매우 중요한 위치를 차지한다.

내가 목격한 범죄자의 얼굴을 찾는 것. 매우 쉽고 단순한 일로 들린다. 기본적으로 인간은 얼굴 기억 전문가이다. 한 번만 봐도 주의 깊게만 본다면 얼굴을 쉽게 기억할 수 있다. 어쩌다 소개팅에서 만난 사람을 몇 년 후에 봐도 그 사람을 기억해 내는 것이 그렇게 어렵지 않다. (이름을 기억하는 것은 별개의 문제다.) 그래서 가끔 우리는 이런 말을 하지 않던가. "우리 만난 적 있죠?"

더욱이 범죄 현장이 보통 일인가? 피가 흥건하고 잔인한 폭력이 있는 현장이라면, 우리의 주의가 쏠리지 않을 수가 없다. 그러니 범죄 현장에서 있었던 사람의 얼굴을 기억하는 것은 식은 죽 먹기가 아닐까?

제니퍼 톰슨이라는 백인 여성도 그랬다. 1985년 어느 밤 그녀는 자신의 집에 불법 침입한 흑인 남성에게 강간을 당했다. 제니퍼는 강간을 당하는 도중에도, 만일 자신이 이 상황을 벗어나 살 수 있다면 이 남성을 반드시 잡아 감옥에 넣겠다고 각오했다. 그리고는 자신을 겁탈하는 그 남성의 얼굴을 뚫어지게 쳐다봤다. 그 얼굴을 반드시 기억하기 위해서.

다행히 제니퍼는 살아남았고, 경찰에 신고했으며, 범인 식별 절차에서 자신을 강간했던 사람을 지목할 수 있었다. 창 너머 방에 일렬로 선 사람 중에서 범인을 지목한 것이다. 바로 로널드 코튼이라고 하는 흑인 남성이었다. 제니퍼는 두 차례에 걸쳐 로널드 코튼이 자신을 강간한 범인이 확실하다고 증언했고, 결국 로널드의 부인에도 불구하고 유죄가 인정되어 종신형을 선고받았다.

로널드 코튼은 이를 인정하지 않고 항소했다. 이 와중에 유사한 범죄로 감옥에 있던 바비 풀이라는 흑인 남성이 동료 수감자들에게 사실은 자신이 저지른 사건이라며 자랑했다. 이 사실이 수사기관에 알려지자 경찰은 제니퍼 톰슨에게 바비 풀의 사진을 보여주었는데, 제니퍼 톰슨은 바비 풀을 전혀 보지 못했던 사람이라고 증언했고, 로널드 코튼은 혐의를 벗지 못했다.

사건이 벌어지고 10년이 지난 1995년, 발전된 DNA 기술력은 반전을 만들어 냈다. 제니퍼 톰슨에게서 발견된 범인의 DNA가 로널드 코튼의 DNA가 아니라는 사실이 입증된 것이다. 범인은 바로 제니퍼가 한 번도 얼굴을 보지 못했다고 확신했던 바비 풀이었다. 로널드는 10년이 넘는 억울한 옥살이를 한 이후에 비로소 석방되었다. 억울한 옥살이의 대가는 1억 남짓한 보상금이었다. 이후 제니퍼 톰슨은 자신의 바보 같은 증언에 후회하고 로널드에게 사죄했고, 둘은 화해하고 친한 친구가 되었다고 한다.

로널드 코튼의 일화는 심리학 분야, 특히 범죄 심리학 분야에 많은 시사점을 제공한다. 관련 분야에서 일하는 사람들은 인간의 기억력이 정확도가 높지 않고 목격자의 진술도 신뢰할 만하지 않다는 점을 받아들여야만 했다. 그럼 왜 제니퍼 톰슨은 잘못된 기억을 가지고 있었던 것일까? 본인이 꼭 기억해야겠다고 의지를 불태웠는데도 말이다.

심리학에서는 이를 '타인종 효과other-race effect'로 설명한다. 자신과 동일 인종인 사람의 얼굴은 식별하기 용이하나, 다른 인종의 얼굴은 제대로 식별하기 어려운 현상을 말한다. 많은 인물이 등장하는 외국 드라마를 볼 때 누가 누구인지 헷갈려 스토리를 이해하기 어려웠던 경험을 해본 적 있을 것이다.

타인종 효과는 1914년 하버드 대학의 구스타프 페인골드Gustave Feingold에 의해 처음으로 언급된 개념이다. 그는 "보통의 백인들에게 동아시아인들은 똑같아 보이고, 마찬가지로 동아시아인에게도 백인은 모두 같아 보인다"라고 주장했다. 인종에 따라 얼굴 골격 및 구조가 해부학적으로 다른데, 타인종에 대한 경험이 없을 경우에 그 얼굴을 식별하는 방법에 익숙하지 않아서 타인종 효과가 생기는 것으로 보인다. 실제로 타인종 효과는 얼마나 빈번하게 다른 인종의 사람을 경험하는지에 따라 정도가 달라진다.

그러나 타인종 효과는 제한적인 상황에서 발생한다. 제니퍼 톰슨의 실패를 타인종 효과로만 설명할 수 있을까? 또 다른 범죄자 식별 실패 사례는 목격자 진술의 정확성에 본질적인 의문을 던진다.

1995년 미국의 오클라호마에서 대규모의 폭발 테러가 발생해 연방 건물이 파괴되고 168명이 사망했다. 경찰은 폭발이 발생하고 90분쯤 후에 번호 없는 트럭을 타고 빠른 속도로 도주하던 용의자 티머시 맥베이를 체포했다. 범죄에 사용된 트럭 대여 회사의 직원으로부터 트럭을 빌린 사람이 티머시 맥베이임도 확인받았다.

그런데 여기서 문제가 발생했다. 트럭 대여 회사 직원이 티머시 맥베이가 트럭을 빌려갈 때 그 외에 한 명이 더 있었다며, 그 공범의 인상착의를 보고한 것이다. FBI는 공범을 찾기 위해 총력을 기울였지만 얼마 후 포기하고 말았다. 공범이 신출귀몰하게 숨어서 못 찾은 것이 아니었다. 공범이 없을 가능성을 알아챘기 때문이다.

인상착의에 근거해서 수사를 진행하던 FBI는 토드 번팅이라는 사람을 찾았다. 토드 번팅은 트럭 대여 회사 직원이 묘사한 외모와 너무나도 유사했다. 하지만 그는 범죄 행위를 부인했고, 실제로 그가 범죄에 가담했다고 볼 근거가 전혀 없었다. 티머시 맥베이가 트럭을 빌렸던 날 토드 번팅은 같은 회사에서 상사인 마이클 허티크 외 함께 트럭을 빌렸다. 확인해 보니 마이클 허티크의 외모가 티머시 맥베이와 매우 유사했다. FBI는 이를 근거로 두 번째 용의자는 실제 인물이 아닌 유령 용의자phantom suspect였을 것이라고 판단했다. 트럭 대여 회사 직원이 토드 번팅과 마이클 허티크가 함께 트럭을 빌렸던 기억을 티머시 맥베이가 트럭을 빌려 간 기억에 덧붙여 잘못 기억했다는 것이다.

이처럼 기억 속에 있는 정보가, 정보가 취득되었던 상황과 맞지 않는 다른 상황에서 인출되는 경우를 '무의식적 전이unconscious transference'라고 한다. 트럭 대여 회사 직원의 경우, 토드 번팅을 보았던 기억이 티머시 맥베이가 트럭을 빌렸을 때 보았던 기억으로 전이되어 인출되었다.•

• 참고로 1995년 오클라호마의 폭탄 테러의 두 번째 용의자에 대해서는 아직도 갑론을박이 있다. 많은 사람들이 폭발 당시 티머시 맥베이 주변에서 사람 한 명을 보았다고 증언했다. 그럼에도 두 번째 범인이 실재했는지를 확실하게 알 수 없다. 증언 자체를 신뢰할 수 없기 때문이다. 언론이 두 번째 용의자에 대해 빈번히 보도했기에 사람들이 실제로는 없었던 사실을 기억 속에 입력했을 수도 있다.

기억 속에 있는 정보를 어디에서 획득했는지, 즉 출처 정보를 제대로 기억하지 못해서 무의식적 전이가 발생한다. 친구에게 어디선가 들었던 재미있는 이야기를 했더니, 친구가 정색하며 "야! 그거 내가 말해준 거잖아"라고 대꾸하는 경험을 해본 적 있을 것이다. 이런 상황도 재미있는 이야기라는 어디서 획득했는지 출처 정보를 제대로 갖지 못해서 생겨나는 현상이다.

이처럼 범죄 현장에서의 목격자의 기억은 오류가 많다. 목숨이 달려있는 급박한 순간에, 정서적으로 강력한 사건에 대해서 우리의 기억이 제대로 작동하기를 바라는 것은 너무나도 큰 바람일까?

하지만 사건이 강력한 정서를 불러일으킬수록 기억이 자세하고 생생해지는 것도 사실이다. 나는 미국에서 9.11 테러가 발생한 날의 기억이 아직도 생생하다. 미국에 유학을 간 지 얼마 지나지 않아서 영어에도 미국 생활에도 익숙하지 않았던 때였다. 설거지를 하던 중 거실에 틀어놓은 TV에서 뉴스가 흘러나왔다. 이 기억은 아직도 너무 생생하다. 마찬가지로 성수대교가 붕괴한 날의 기억도 생생하다. 나는 대학생이었고, 라디오로 성수대교 사건을 들었다. 당시 전화로 성수대교의 상황을 전하던 아저씨의 목소리가 지금도 기억난다.

이를 '섬광기억flashbulb memory'이라고 한다. 매우 정서적으로 강력한 사건이 그 상황을 비디오로 녹화한 듯 생생하게 기억나는 현상을 말한다. 섬광기억은 때로 잊으려고 애써도 잊히지 않는다.

목격자 진술의 오류와 관련해서 '무기 집중 효과weapon focus effect'라는 개념도 있다. 범죄 현장에서 범죄자가 무기를 가지고 있을 때 그 얼굴을 잘 기억하지 못하는 현상을 말한다. 무기에 주의가 쏠린 나머지 무기 외의 다른 것은 기억하지 못하게 된다고, 선택적 주의 selective attention와 관련해서 설명한다.

이처럼 우리의 기억은 불안정하다. 기억에서 진실을 파헤치기란 쉬운 일이 아니다. 많은 심리학자와 수사관 들은 범죄 심리학을 이용해 목격자의 기억에서 온전한 정보를 취득하기 위해 노력한다. 질문의 방법을 선택하는 것부터 진술의 신빙성을 판단하는 것까지, 무엇 하나 쉽지 않은 일이다.

얼굴을 보고 이름을 떠올려라
명명과 설단현상

"우리랑 고등학교 3학년 때 같은 반이었는데, 키 크고, 머리 길고…. 걔 이름이 뭐더라?"

친구와 이야기꽃을 피우다가 생각난 고등학교 동창. 그런데 이름이 기억나지 않는다. 얼굴도, 성격도, 추억도 모두 생생한데, 이름만 기억나지 않는다.

이렇게 이름만 기억나지 않는 일은 빈번하게 일어난다. 그 이름. 분명히 알고 있고, 조금만 더 가면 생각날 것 같은데, 혀 주변에서만 맴돈다. 이런 현상을 '설단현상tip of the tongue'이라고 한다. 어떤 정보가 내 머리 속에 확실히 저장되어 있고 그 정보가 저장되어 있다는 사실을 스스로 인식하고 있음에도 불구하고, 입밖으로 꺼내어지지 않는 상황이다. 설단현상은 매우 오래 전부터 심리학 분야의 관심 주제였다.

설단현상을 최초로 언급한 심리학자는 윌리엄 제임스William James로, 미국 심리학 역사에서 빼놓을 수 없는 사람이다. 부유한 집안의 장남으로 태어난 그는 꽤나 자유로운 영혼을 가지고 있었던 것으로 보인다. 원래 미술에 관심이 많았으나, 대학은 미술 전공을 포기하고 시험 점수 맞춰서 진학했는데 그곳이 하버드 의대였다.*
적성과 상관없이 진학하면 방황하게 되는 법이다. 그는 학업에 열중하지 못하고 이 분야 저 분야를 건드리며 다양하게 공부한다. 브라질로 탐험을 떠났다가 천연두와 안질에 걸려 건강이 나빠져서 요양 차 독일에 방문하게 된다. 그는 그곳에서 막 싹이 트고 있던 심리학이라는 분야를 접하고 그 매력에 푹 빠진다. 미국에 돌아온 뒤 그는 심리학 교과목을 미국에서 처음으로 개설해서 학생들을 가르쳤다.

윌리엄 제임스가 남긴 명저인 『심리학의 원리The principles of Psychology』는 정말로 심리학 초창기인 1890년에 나온 책이 맞나 싶을 정도로 수준이 높아서, 심리학을 전공하는 대학생들에게 일독을 권하는 책이기도 하다. 설단현상은 이 책에서 최초로 언급되었다. 단, 그때는 설단현상이라고 명명되지는 않았다. 1966년이 되어서야 로저 브라운Roger Brown과 데이비드 맥닐David McNeil이 이름 붙였다.

설단현상의 원인에 대해서는 여러 가지 이론이 많다. 대중적으

---

* 정확하게는 하버드 화학과에 입학한 후에 의대로 전과했다.

로 유명한 심리학자이지만 현대 심리학 교과서에서는 민망할 정도로 외면당하는 지그문트 프로이트Sigmund Freud*는 무의식적 갈등과 관련된 억압 때문에 기억이 의식 위로 떠오르지 않는 현상이라고 주장했다. 친구의 이름이 기억나지 않는다면, 뭔가 좋지 않은 기억들이 함께 떠올라서 나의 정신적 안위를 해칠 가능성이 있기 때문에, 무의식적으로 친구의 이름이 기억나지 않게 억압한다는 것이다. 아마도 심리학에 관심이 있는 사람들이라면 이런 프로이트식 설명에 익숙하겠지만, 프로이트의 이론이 설단현상의 원인으로 보편적으로 받아들여지고 있지는 않다.

많은 심리학자들은 그저 단순히 기억 속의 정보가 적절하게 적절한 시간에 인출되지 못했기 때문에 설단현상이 발생한다고 생각한다. 우리는 영상을 녹화하는 것처럼 모든 것을 종합해서 함께 정보를 저장하지 않는다. 그 대신 정보를 조각조각 파편화한 뒤 관련이 있는 것들끼리 연관지어 저장한다.**

이런 상태에서 어떤 정보가 들어오면 그것과 관련된 다른 정보들이 우리의 마음속에서 함께 떠오르고, 그 내용을 중심으로 우리의 기억 속 사건들을 재구성해서 재생한다. 이때 관련도가 높은 정

---

* 정신분석의 창시자인 프로이트의 이론은 영향력이 크고 의미하는 바도 많지만, 과학적으로 검증할 수 없다는 특성 때문에 현대 심리학에서는 중요하게 다루어지지 않는다.
** 또 다른 연구자는 거미줄처럼 망조직으로 구성되어 있다고도 한다.

보들은 더 쉽게 떠올릴 수 있고, 관련도가 상대적으로 낮은 정보들은 더디게 떠올리는데, 설단현상이 발생하는 정보들은 관련도가 상대적으로 낮은 정보들이라는 것이다. 그래서 관련도가 높은 정보들이 먼저 생각이 나서 사건을 구성하는 동안, 관련도가 낮아 아직 생각이 나지 않는 정보들이 인출을 요구당하면, 다 아는 것 같은데 전혀 생각이 나지 않는 설단현상을 경험하게 된다.

실제로 설단현상이 더 빈번하게 발생하는 정보들에는 사람의 이름, 장소의 지명과 같은 고유명사들이 많다. 이런 것들이 다른 정보들과 관련도가 낮기 때문이다. 우리는 얼굴과 이름의 관련성이 높을 것이라고 생각하지만, 생각보다 둘은 관련도가 낮다.

얼굴과 이름의 관련도가 낮은 이유 중 하나는 굳이 내 이름이 내 이름이어야 할 이유가 없기 때문이다. 예를 들어 친구에게 미적 감각이 없다는 사실을 뒷받침하는 많은 지지 증거는 내 기억 속에 존재한다. 사생 대회를 나갔는데 엄청나게 이상한 그림을 그렸다든지, 옷을 못 입어서 놀림을 당했다든지, 미술 시간에 선생님께 야단을 맞았다든지 이런 것들 말이다. 관련된 기억들이 많이 존재하니 이런저런 이야기를 하다가 '친구에게 미적 감각이 없다는 사실'을 떠올리기는 쉽다.

하지만 내 이름이 내 이름이어야 할 이유는 별로 없다. 이름은 이를 지지해 줄 다른 근거가 없이 그냥 개별적으로 존재한다. 이름이 아주 웃겨서 친구에게 별명이 붙었다거나 하는 추억이 있는 게 아니라면 말이다. 이름은 나를 대표하고 신원을 알려주는 대표적인 정보이지만, 나의 실체와 연관되어서 붙지는 않는다. 차라리 어떤 특징 때문에 붙은 별명이 나와 연관성이 더 높을 것이다. 곱슬머리 때문에 '뽀글이'라는 별명이 붙었다면, 내 얼굴을 기억하는 친구들은 '뽀글이'를 '최훈'보다 훨씬 쉽게 떠올릴 것이다.

실제로 만약 사람의 이름이 그 사람의 특징과 관련 있다면, 설단현상이 덜 발생한다는 연구 결과가 있다. 예를 들어 사람 이름이 스미스Smith인데 실제 직업이 대장장이이거나, 아니면 베이커Baker인데 직업이 제빵사인 경우에는 설단현상이 덜 발생했다고 한다.

우리는 얼굴을 보여주고 이름을 알려주는 것으로 상호작용의 초석을 다진다. 사업상 처음 만나는 사람과 명함을 주고받을 때, 자신의 얼굴을 드러낸 상태에서 이름을 말하며 명함을 건네는 것이 에티켓이다. 이때 명함의 방향은 상대방이 명함에 쓰인 이름을 볼 수 있도록 해야 한다. 얼굴과 이름을 함께 묶는 것이 중요하기 때문이다.

하지만 앞에서도 말했듯이 얼굴을 기억하는 것과 이름을 기억하는 것은 별개의 일이다. 상대가 이름을 잘 기억하게 만들기 위해서는 얼굴을 내보이는 것 이상의 노력이 필요하다.

대입 면접을 볼 때 한 학생 응시생이 자신의 이름을 한문으로 풀이한 후에 그 뜻과 심리학을 연관 지어서 미래에 대한 포부를 밝힌 적이 있다. 4년 뒤 강의실에서 그 학생을 보았을 때 나도 모르게 그 장면과 그 친구의 이름이 바로 떠올랐다. 이름을 지지해 주는 근거 기억이 있었기 때문일 것이다.

  우리는 자신의 이름을 다른 사람에게 각인하기 위해서 얼마나 노력했을까? 이름은 평생에 걸쳐 나를 대표하는 정보이지만, 내가 가지고 태어난 것은 아니다. 오랜만에 만난 친구가 이름을 잊었다고 서운해하기 전에, 이 정보를 타인에게 잘 전달하고 정보를 유지하게 하는 것도 나에게 달린 것 아닐까?

선글라스와 마스크, 당신의 선택
문화 차이와 얼굴 읽기

 영웅은 세상을 구한다. 그런데 영웅이 세상을 구한다는 건, 세상이 스스로를 구하지 못한다는 뜻이다. 즉 세상은 이미 악의 소굴이라는 말이다. 그래서 영웅은 착한 일을 하는데도 스스로를 숨겨야 한다. 신원 파악은 얼굴의 배열 정보를 처리하는 것으로 진행되니, 그 배열 정보에 혼선을 주면 신원을 숨길 수 있다. 얼굴의 일부를 가리면 될 것이다. 그래서 슈퍼히어로들은 가면을 쓴다. 얼굴 전체를 가리기도 하지만, 일부를 가리기도 한다. 유명인들도 밖을 다닐 때면 선글라스나 마스크로 얼굴을 가려 배열 정보에 혼란을 준다.
 그런데 여기서 흥미로운 부분이 있는데, 문화권별로 주로 가리는 부분이 다르다는 점이다. 서구권에서는 눈을 가린다. 배트맨을 보자. 이상한 안대를 쓰고 있다. 쾌걸 조로도 그렇고, 캡틴 아메리카도 그렇고, 하다못해 닌자 거북이도 그렇다. 이와 반대로 동양권

에서는 입을 가린다. 복면을 쓰고 눈만 노출시킨다. 일지매를 떠올려 보자. 왜 문화권별로 다른 부위를 가리고 있을까?

얼굴로 신원을 확인할 때 중요한 것은 이목구비의 배열 정보이다. 하지만 배열 정보만 보는 것은 아니다. 눈, 코, 입의 세부사항도 본다. 우선적으로 배열 정보를 통해 전역적 처리를 하고, 세부 특징을 처리해서 정보를 보충한다. 그런데 문화권에 따라 상대적으로 더 중요하게 여겨지는 얼굴 부위가 있다.

문화권의 차이를 알아보는 연구 중에는 주로 동양과 서양을 비교하는 연구들이 많다. 동서양의 차이는 다양한 요인들에 의해서 도드라지는 편인데, 서양 문화권의 사람들은 개체 중심의 사고방식을 취하고, 동양 문화권의 사람들은 맥락 중심의 사고방식을 취한다고 한다.[9] 그래서 서양 문화권은 사물의 속성에 집중해서 독립적으로 정보를 처리하고, 동양 문화권은 사물 간의 관계나 상황적 맥락에 더 주목한다. 더 나아가 서양 문화권은 개인 중심이고, 동양 문화권은 공동체 중심의 사회라고 이야기한다.

이와 비슷한 주장이 얼굴을 볼 때에도 적용된다. 표정을 인식할 때, 서구권 문화에서는 입의 움직임이, 동양권 문화에서는 눈의 움직임이 중요한 역할을 한다.[10] 흔히 말하듯 서양 사람들은 입에, 동양 사람들은 눈에 신경을 쓴다는 말이 사실이었던 셈이다.

여기서 다시 배트맨과 일지매로 돌아가 보자. 눈을 가린 배트맨과 입을 가린 일지매. 뭔가 거꾸로 된 것 같은 느낌이 들지 않나?

서구권에서는 입을 중요하게 생각하니까 신원을 확실하게 가리기 위해서는 입을 가리는 것이 더 효과적일 것 같고, 동양권에서는 눈을 중요하게 생각하니 눈 주변을 가리는 것이 더 효과적일 것 같은데 왜 반대로 하는 걸까?

이 부분에 있어서 연구된 바가 별로 없어 정확한 이유는 알 수 없다. 다만 추측해 볼 수 있을 뿐이다. 서구권의 경우 선글라스는 현대적인 '쿨'함과 관련이 있다고 한다.[11] 눈의 외형뿐만 아니라 시선도 감출 수 있다는 점은 개인의 익명성을 더 보장해 준다. 이러한 점은 개인주의적 성향이 강한 서구 사회에서는 매우 매력적인 요인으로 받아들여질 것이다. 또한 실질적인 문제로 백인들에게 선글라스는 보편적이고 필수적인 패션 아이템이다. 밝은색의 눈동자는 멜라닌 함량이 낮아 햇빛에 취약하기 때문이다. 반면 마스크는 병약함이나 질병의 상징으로 여겨져 왔는데, 이 같은 이미지는 코로나-19가 유행할 때 마스크 착용을 거부하는 경향으로까지 나타났다.[12] 이런 점을 고려하면 서구권의 히어로가 마스크보다는 안대를 선호하는 것을 이해할 수 있을 것 같다. 슈퍼히어로가 병약한 느낌을 주면 안 되지 않겠는가?

반대로 마스크는 동양권에서 공동체에 대한 헌신이라는 의미가 있다는 주장이 있다.[13] 코로나-19 시기에 동양권에서는 전체 공동체의 이익을 위해 개인을 희생하여 마스크를 기꺼이 착용했다는 것을 근거로 삼은 것을 보면, 이 가설로 전통적인 복면 선호를 설명하기에는 무리가 있는 것 같다.

 내 생각을 조금 더 보태자면, 본질적으로 이 히어로들은 자신의 신원을 감추고 싶어 하지 않는 것 같다. 이들은 현실 세계의 존재들이 아니라 가상 세계의 존재들이다. 이들에게 안대와 복면은 신원을 감추기 위한 도구가 아니다. 가상 세계가 어떤 곳인가. 점 하나만 찍어도 다른 사람으로 오인하는 세상이 아닌가. 신원을 감추기 위해 거창한 도구가 딱히 필요하지 않다. 안대와 복면은 단지 히어로의 상징물에 불과하다.

 아니, 사실 신원을 감추면 더 곤란하다. 독자 혹은 시청자들은 히어로를 따라 작품을 감상해야 한다. 주인공 히어로의 신원은 작품 밖의 독자에게는 계속해서 공개되어야 한다. 즉 배트맨이 안대를 쓰고 있어도 배트맨을 연기한 배우(예를 들어 크리스찬 베일)가 안대 뒤에 있음을 관객에게 알려주어야 할 필요가 있다. 그렇지 않다면 굳이 비싼 출연료를 주고 유명 배우를 캐스팅 할 필요도 없지 않겠는가?

 또한 작품에서 히어로는 단순하게 신원을 감추고 악의 무리를 물리치는 역할만을 수행하는 것이 아니다. 영웅으로서 철학적 고뇌도 해야 하고, 고통받는 약자들을 위해 슬퍼하고 눈물을 흘려야 하며, 사랑도 해야 한다. 신원을 가린(가리는 척한) 상태로 다양한 정서를 표현해야 한다는 뜻이다. 그렇다면 서양에서는 독자들에게 입을, 동양에서는 눈을 공개하는 것이 더 유리할 것이다. 각

문화권에서 더 주위가 가는 곳을 노출하고, 그 부위를 통해 내면을 표현하기가 더 용이하기 때문이다.

　문화에 따라서 사람을 보는 방식이 조금씩 달라진다. 우리가 타인을 파악하는 방식이 우리가 일상적으로 접하는 문화 콘텐츠 속에서도 표현되고 있다.

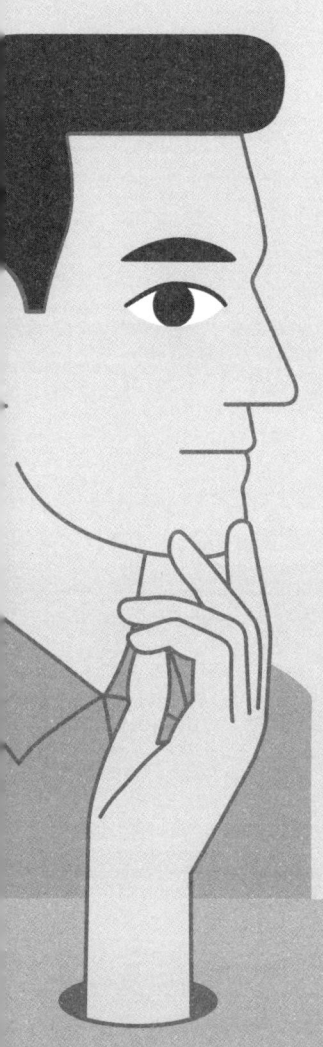

4장

얼굴에
내 마음이
있다

관상은 과학이다?
가용성 편향

느낌이 쎄하다. 수업 시간에 팀플을 시키는 것도 싫은데, 팀원이 마음에 들지 않는다. 특히 처음 본 저 남학생은 인상이 참 마음에 들지 않는다. 좋은 사람일지도 모르지만, 그래도 관상은 과학이라고, 저렇게 생긴 사람은 결국 다 민폐를 끼치더라는 생각이 든다.

"관상은 과학이다." 어느 순간부터 인터넷에서 흔히 쓰는 말이다. 말 그대로 관상이 정확하다는 의미는 아닐 것이다. '생긴 대로 행동한다' 정도의 뜻으로 쓰는 듯하다. 사실 나는 관상이 맞는지 틀린지, 과학인지 아닌지에는 별 관심이 없다. 왜 이 말이 인터넷에서 정설처럼 통하고 있는가 하는 점이 심리학자로서 흥미로울 뿐이다.

이 말은 두 가지 측면에서 매우 흥미롭다. 첫 번째로는 사람들이 얼굴을 그 사람의 내면까지 파악할 수 있는 수단으로 받아들인다는 것이다. 두 번째는 우리가 얼굴로 파악하는 정보의 정확도가 높다고 생각한다는 것이다.

"눈은 마음의 창이다"와 같은 말에서 알 수 있듯이, 옛날부터 사람들은 얼굴로 타인을 파악해 왔다. 어떻게 보면 당연하다. 타인의 내면을 파악하는 것은 쉽지 않다. 그 사람의 행동을 매우 오랫동안 관찰하면 어느 정도 알 수도 있겠지만, 늘 그렇게 길게 관찰해서 정보를 얻기란 불가능에 가깝다. 우리는 매우 짧은 시간 동안 많은 사람들을 만나며 살아간다. 그래서 우리는 한눈에 알 수 있는 외형을 통해 가능한 많은 정보를 캐내려고 하는 성향이 있다.

뇌는 '인지적 구두쇠'이다. 이는 뇌 운영 시스템의 가장 기본적인 원칙 중 하나다. 우리 뇌는 매 순간 너무나도 열심히 일을 하고 있기 때문에 언제나 과부하 상태에 있다. 그래서 뇌는 자신의 인지 에너지를 최대한 아낄 수 있는 방법을 사용한다. 뇌가 에너지 절감을 위해 이용하는 방법 중 하나가 얼굴만으로 정보를 얻고 판단을 내리는 것이다. 그래서 우리는 타인의 얼굴에서 받은 느낌적인 느낌으로 그 사람의 내면을 파악하려 한다.

관상을 보는 것도 이런 영향이 아닐까. 미신이라고 이야기하면서도 비싼 돈을 내고 관상가를 찾는 것은 얼굴에 나 자신이나 미래에 대한 정보가 담겨 있을 것이라는 기대 때문이다. 앞서도 이야기했지만 나는 관상이 맞고 틀리고를 말하려는 게 아니다. '관상 좋네'라는 말을 들어본 적은 있지만 관상을 잘 알지도 못한다. 그저

'얼굴을 통한 정보의 교환과 의사소통'이라는 내 관심사와 관상이 관련이 있는 듯해 살펴볼 뿐이다. 물론 심리학자가 말하는 얼굴의 정보와 관상가가 말하는 얼굴의 정보가 같지는 않겠지만 말이다.

어쨌든 우리는 얼굴로 정보를 얻으려고 시도하는 데 익숙하다. 그런데 어떤 정보 획득 방식이 아무리 편해도 정확도가 떨어진다면 자주 쓰지는 못할 것이다. 어떤 방법이 지속적으로 이용된다는 건 어느 정도 그 정확도가 보장되었기 때문일 것이다. "관상은 과학이다"의 흥미로운 지점이다. 사람들은 관상이 과학적이라고 생각할 만큼, 얼굴을 보면 내면을 매우 정확하게 판단할 수 있다고, 즉 정확도가 높다고 믿는다.

여기서 정확도는 주관적이다. 우리는 얼굴 정보의 정확성을 실제와 다르게 지각할 수도 있다. '가용성 편향'이라는 심리학 개념이 있는데, 우리는 새로 정보를 찾아보기보다 당장 머릿속에 잘 떠오르는 정보를 활용하고, 그 정보를 더 중요하다고 여기는 경향이 있다. 가용성 편향에 따르면 내 머릿속에 당장 쉽게 떠오르는 사건이 실제로도 많이 발생한다고 생각한다. 도박 중독에 빠지는 사람들에게는 도박을 시작한 초기에 상당한 규모의 성공을 경험했다는 공통점이 있다. 이런 짜릿한 성공 경험은 머릿속에 깊이 박혀 더 쉽게 기억난다(앞에서 언급했던 섬광기억을 생각해 보라). 이런 상황에서 가용성 편향이 작동한다. 돈을 잃었을 때의 기억보다 땄을 때의 기억이 더 생생하고 쉽게 떠오르니, 돈을 딴 경우가 더 많았다고 착각한다. 그러니 "내가 땡기기만 하면 돈을 따는 사람인데"라고 하면서 도박장행 티켓을 끊는다.

얼굴로 내린 평가의 정확도가 높다는 믿음도 이런 가용성 편향의 영향일 수 있다. 만약 어느 여자가 전에 한쪽 눈에만 쌍꺼풀이 있는 남자친구를 사귀었는데 그가 바람을 피워서 마음고생을 했다면, 그녀에게 "한쪽 눈에 쌍꺼풀이 있는 사람은 바람기가 있다"라는 속설은 진실이 된다. 그녀는 그동안 한쪽 눈에만 쌍꺼풀이 있는 사람을 수도 없이 많이 만났을 것이다. 그중 바람기가 있는 사람은 그 남자친구 한 명밖에 없었더라도, 전남자친구에 대한 강렬한 기억이 한쪽 눈에 쌍꺼풀이 있는 모든 사람을 세상에 둘도 없는 바람둥이로 여기게 한다.

가용성 편향에 의하면 관상의 정확도는 과대평가의 산물일 수 있다. 하지만 과대평가가 되었든 아니든 중요한 것은 우리는 얼굴을 통한 판단이 꽤 정확하다고 느낀다. 그렇게 우리는 얼굴로 사람을 평가하는 책략을 계속 유지한다.

"관상은 과학이다"라는 말은 관상에 대한 이야기가 아니다. 얼굴에서 정보를 얻어 타인을 분석하려는 우리의 성향과 그 정확도에 대한 우리의 믿음에 대한 이야기다. 그런데 외형으로 타인을 파악하는 행위의 진짜 정확도는 어느 정도일까?

얼굴로 성격을 판단할 수 있을까?
찰나의 판단

성격은 파악하기 힘들다. 나도 내 성격을 모른다. 나는 일명 '집돌이'로, 스스로 내향적인 사람이라고 생각한다. 혼자 살던 시절에는 금요일 저녁이면 음식을 잔뜩 싸 들고 귀가해서 주말 내내 홀로 집에서 시간을 보냈다. 그 시간을 좋아했다. 사람들과 시간을 보내고 집에 들어오면 혼자만의 시간을 가지며 에너지를 충전하는 스타일이다. 하지만 지인들은 내가 외향적인 사람이라고 말한다. 심리 검사 결과도 외향적이라고 나온다. 나는 그 결과를 받아들이지 못하고 있지만.

이렇게 파악하기 힘든 성격을 너무나 간단하게 알아차리는 방법이 있다. 바로 얼굴을 보는 것이다. "관상은 과학"이라는 표현이 일상화된 것처럼, 우리는 알게 모르게 이런 표현을 자주 쓴다. "착하게 생겼네." "듬직해 보이네." "성실해 보이네." 말 그대로 성격이

'보인다'.

이성은 외모로 성격을 판단하면 안 된다며 부정하지만, 우리 마음은 이 판단을 자연스럽게 받아들인다. 직원을 뽑아야 한다고 가정하자. 두 지원자의 경력은 비슷하다. 그런데 한 사람은 성실해 보이고 다른 한 사람은 그렇지 않아 보인다면, 누구를 뽑겠는가? 얼굴로 판단되는 성격에 영향을 받지 않기란 쉽지 않다.

하지만 도대체 '착하게 생긴' 얼굴은 어떤 얼굴일까? 그렇게 생긴 사람이 정말 착한 성품을 가졌을까? 앞에서 언급했듯 우리는 얼굴의 느낌과 성품이 일치할 확률이 높다고 믿지만, 이 믿음에는 착시가 작용한다. 당신은 착하게 생긴 사람이 정말로 착하지는 않다는 사실을 무수히 경험해 왔을 것이다. 그러므로 얼굴을 보고 성격을 규정지어서는 안 된다….

이렇게 글을 마무리해야 할 것 같은데, 이 같은 결론을 내리기에 망설여지는 연구 결과들이 있다. 생각보다 인간은 얼굴만으로도 타인의 성격을 꽤 잘 맞힌다. 그것도 순식간에!

'Thin-slicing'이라는 심리학 용어가 있다. 우리말로 번역하면 '찰나의 판단' 정도로 해석할 수 있다. 매우 짧은 시간 동안에 꽤 정확한 판단을 할 수 있는 능력을 말한다. 첫인상을 예로 들면 이해하기 쉬울 것이다. 누군가를 짧은 시간 동안 스쳐 지나가듯 봐도 그 사람에 대한 인상이 형성된다. 이게 찰나의 판단이다.

그런데 성격도 이런 찰나의 판단이 가능하다는 연구 결과들이 있다. 스티브 갠저스태드Steven Gangestad와 동료들이 진행한 연구[14]에서 갠저스태드는 참가자들에게 짧은 동영상을 보여주고 그 동영상에 등장하는 인물의 성격을 판단하도록 했다. 1분 정도 길이의 동영상에서는 사람들이 인터뷰를 하고 있었다. 결과를 확인했더니 의외로 외향성 같은 성격 요인에 대한 판단이 비교적 정확했다. 참가자들의 판단이 실제로 심리검사를 통해 확인한 실제 성격과 유사했던 것이다. 그런데 여기서 더 놀라운 사실. 그 동영상에는 소리가 없었다. 즉 인터뷰 내용을 모른 채 얼굴과 몸짓만 보고도 성격을 알아낼 수 있었다는 뜻이다.

이와 유사한 많은 연구에서 음성 없는 짧은 동영상을 본 참가자들이 등장인물의 외향성, 신경성, 성실성 등의 성격 특성을 비교적 정확하게 판단했다. 정확한 판단에 필요한 시간은 대개 30초에서 1분 정도면 충분했다. 1분보다 더 많이 보여준다고 그 정확도가 올라가지는 않았다. 찰나의 판단은 정말 빠른 시간에 이루어지고, 수정되지 않는다는 이야기다.

물론 연구에 사용되었던 동영상에는 얼굴만 담겨 있지는 않다. 피터 보르케나우Peter Borkenau와 아네트 리블러Anette Liebler 의 또 다른 연구[15]에서는 동영상 속의 등장인물이 방에 들어와서 일기예보를 읽고 떠났다. 얼굴뿐 아니라 다른 몸의 움직임도 포함되어 있었던 것이다. 앞서 인터뷰하는 장면을 담은 갠저스터드 등의 연구 동영상에도 주로 얼굴이 촬영되어 있지만, 고개를 끄덕이는 것과 같은 움직임이 포함되어 있었다. 그래서 이 '찰나의 판단'이 온전히 얼굴만을 보고 이루어진다고 주장하기는 힘들다. 하지만 적어도 이 연구 결과들은 사람들이 시각적인 정보, 즉 보이는 정보로 성격을 꽤 정확하게 판단한다는 것을 말해준다.

성격에 대한 '찰나의 판단' 정확도는 논란이 많다. 외향성과 같은 특질에 대해서는 꽤 높은 수준의 정확도를 보였지만, 모든 특질에 대해서 그런 것은 아니었다. 그러나 얼굴에 몇 가지 성격 요인에 대한 정보가 포함되어 있다고 말하는 것은 그렇게 큰 허풍이 아니다.

그럼 정말 '착하게 생긴' 사람이 '착한' 걸까? "관상은 과학"이 진짜라고? 뭔가 쉽게 인정해서는 안 될 것 같은 이 주장을 어떻게 이해해야 할까? 사람의 외견과 성격 간의 연관성을 찾으려는 시도들은 계속 있었다.

대표적인 예가 학창시절에 강해 보이는 외견을 가진 남학생들의 외향성이 더 높다는 것이다. 찬찬히 생각해 보면 완전히 이해 못할 주장도 아니다. 질풍노도의 사춘기를 겪고 있는 남학생들이 모인 학교는 정글과도 같고, 그 안에서 매우 원초적인 상호작용이 오고 간다. 어떤 학생이 마동석과 같이 덩치 크고 근육질이라면, 그 학생의 주변 환경은 어떻게 될까? 그 학생이 실제로 강인한지의 여부와는 별개로 주위 사람들은 그에게 강인함을 기대하고 거기 따른 태도를 보일 것이다. 그렇게 되면 그 학생의 행동에는 더 거침

이 없어질 것이고, 아마 인간관계에서 큰 장애물을 마주할 가능성도 매우 낮아질 것이며, 더 외향적인 성격으로 발전할 수 있을 것이다.

심리학과 교육학에서 이야기하는 '로젠탈 효과Rosenthal effect' 혹은 '피그말리온 효과Pygmalion effect'를 생각하면 외형이 성격 형성에 영향을 끼치는 과정을 쉽게 이해할 수 있다. 로젠탈 효과와 피그말리온 효과는 동의어처럼 사용되는데, 어떤 사람에 대한 기대가 실제로 그 사람을 긍정적으로 바꾸는 현상을 이야기한다.

미국의 심리학자 로버트 로젠탈Robert Rosenthal과 샌프란시스코의 초등학교 교장인 레노어 제이콥슨Leoneor Jacobson은 초등학교 선생님과 학생들을 대상으로 전설적인 실험을 진행했다. 전교생의 IQ 검사를 실시하고, 그중 IQ가 높았던 20%의 학생을 선생님들에게 넌지시 알려주었다. 그런데 이때 거짓말을 했다. 정말로 IQ가 높게 나왔던 학생들 대신, 무작위로 선정한 학생들을 알려주었던 것이다. 그리고 8개월 후에 다시 IQ 검사를 실시하자 선생님들이 IQ가 높다고 믿었던 학생들의 IQ가 더 높아졌다. 이 결과에 대해 로젠탈은 선생님의 기대가 학생들의 지능에 긍정적인 영향을 미친 것이라고 해석했다.

얼굴에서 나타나는 성격은 그 사람에 대한 기대를 형성한다. 그리고 그 기대는 언어적으로 혹은 비언어적으로 그 사람에게 보일 것이고, 그 사람의 성격에도 영향을 미칠 수 있다. 그래서 얼굴에서 보이는 성격이 진실이 될 수도 있는 것이다.

'찰나의 판단'과 관련해 흥미로운 내용을 더 소개할까 한다. 요즘 사람들은 다들 얼굴을 하나씩 더 가지고 있다. 바로 온라인 프로필이다. 페이스북의 프로필 페이지를 통해서 사용자의 성격을 비교적 정확하게 파악한다는 연구들이 꽤 많다.[16] 그런데 프로필 페이지에 자신의 얼굴로 올려둔 사진은 정말 진실한 자신의 모습일까?

사람들은 프로필 페이지에 사진을 올릴 때 그냥 올리지 않는다. 적당히 보정하고 연출해서 만들어낸 결과물을 프로필로 사용한다. 그 외의 사진들도 나의 본 모습이라고 하기엔 부족하다. 나는 쉬는 시간에 인터넷 서핑을 하거나 숏폼을 보며 휴식을 취하는 편인데, 내 프로필 사진에는 어쩌다 한번 가본 산 정상에서 찍은 사진이 올라가 있다. 이런 허구의 자료를 보고 어떻게 프로필 주인의 성격을 파악할 수 있다는 것일까?

잘 생각해 보면, 프로필 페이지에 있는 나의 모습은 내가 생각하는 이상적인 내 모습이다. 평상시 보이는 나의 외면보다도 내 내면이 잘 반영되었다고도 할 수도 있다. 그러니 실제의 나보다도 프로필 페이지 속 내가 더 성격을 파악하기에는 유용한 정보원이 될 수도 있겠다. 여러분의 프로필 페이지 사진을 한번 더 살펴보라. 당신의 마음이 적나라하게 노출되고 있을지도 모르니.

'찰나의 판단'에 관련된 또 다른 재밌는 이야기 하나. 우리는 가끔 "똘똘하게 생겼다" "똑똑하게 생겼다"라는 표현을 쓴다. 지능이 높아 보이는 얼굴일 때 쓰는 말이다. 그러나 얼굴과 지능이 관련 있을까?

정확하게 어떤 관련이 있는지는 아직 밝혀지지 않았지만, 연구 결과만 보면 우리는 얼굴을 통해 상대방의 지능을 꽤 정확하게 판단한다. 앞서 성격에 대한 '찰나의 판단' 연구와 비슷하게 진행한 연구가 있다. 실험에서 1분가량의 음성 없는 동영상을 보여주고 동영상 속 인물의 지능을 판단하라고 했더니, 실제 그 사람의 IQ와 비슷하게 보고했다.[17]

이런 연구들을 읽어보면, 우리의 시각적 판단이 생각보다 놀라운 능력을 가졌음을 알게 된다. 하지만 이 결과가 겉모습으로 한 사람을 판단하는 우리의 태도를 옹호하는 것으로 이해되어서는 곤란하다. '찰나의 판단' 결과는 우연보다, 즉 찍어서 맞출 확률보다 높은 정답률을 보였을 뿐이다. 그러니 이 능력을 과신해서는 안 된다. 어디까지나 확률일 뿐이다. 가장 큰 사고는 낮은 정답률과 높은 확신이 만나서 이루어지는 법이니까. 한 사람의 마음이 그렇게 쉽게 파악된다면 심리학이라는 학문이 발달하지도 못했을 것이다.

표정도 통역이 되나요?
표정의 보편성

 한눈에 반한 사람이 생겼다. 그것도 외국인이다. 저 사람을 잘 알지는 못하지만 더 가까이 가고 싶다. 근데 난 외국어를 못하는데 마음을 전달할 수 있을까? 눈이 마주쳤다. 나를 보고 미소 짓는다. 가짜 미소는 아닌 것 같다. 다가가도 될 거 같다.

 이처럼 우리는 말이 통하지 않아도 얼굴로 타인의 정서를 파악할 수 있다. 정서는 얼굴로 얻을 수 있는 정보 중에서도 가장 핵심적인 것이다. 정서는 현재 그 사람의 내적 상태를 가장 명확하게 보여주고 그 사람의 행동을 예측할 수 있게 해준다.

 정서는 다양한 상황에서 다양한 자극에 의해 발생한다. 정서는 어떻게든 표현된다. 언어적으로 표현되기도 하고, 비언어적으로 표현되기도 한다. 대표적인 비언어적 표현 방식이 바로 얼굴 표정이다. 표정을 영어로 'facial expression^{얼굴 표현}'이라고 한다. 우리의 정서를 얼굴로 표현하는 것, 그게 표정이다.

표정을 숨길 수는 있다. 상황에 따라 가장 적절한 표정을 만들어 내 지을 수도 있다. 가식이든 진실이든 우리는 정서를 얼굴로 표현하고, 다른 사람의 표정을 보고 그 사람의 정서를 파악한다. 이게 사회적 상호작용이다. 우리는 정서를 파악하면서 소통한다.

소통을 할 때는 내 앞에 있는 사람이 누구이고, 몇 살이고, 얼마나 매력적인지에 상관없이, 당장의 표정에 맞춰서 대응하게 된다. 성격은 그 사람의 전반적인 행동 패턴을 예측할 수 있게 하지만, 지금 이 순간의 행동은 정서에 의해 결정되는 경우가 많다. 평소 아무리 온화한 사람이라도 현재 '분노'를 표현하고 있다면 그 사람의 행동을 분노에 맞춰서 예측하는 것이다.

심리학에는 끊이지 않는 토론 주제가 몇 개 있는데, 그중 대표적인 것이 우리의 마음이 '타고난 것인지 아니면 양육되는 것인지 nature vs. nurture'에 관한 문제이다. 표정도 이 논쟁에서 자유로울 수는 없다. 표정은 타고나는 것일까(유전), 아니면 양육되는 것일까(사회문화적인 학습)?

가끔 붕어빵처럼 닮은 아빠와 아들 관계를 볼 때가 있다. 이 경우 생김새뿐만이 아니라 표정을 짓는 방식까지 똑같다. 이는 양육, 즉 학습의 결과로 설명할 수 있다. 아기가 태어나서 가장 많이 본 사람의 얼굴이 아빠의 얼굴이고, 아빠의 표정을 지속적으로 봤기 때문에, 그 표정을 학습했다고 주장할 수 있다.

동시에 유전의 영향이라고 주장할 수도 있다. 표정은 결국 얼굴 근육의 움직임이다. 정서가 표정을 만들기는 하지만, 결국 얼굴 표정을 구현해 내는 것은 얼굴에 있는 근육들이다. 얼굴 근육은 주로 유전에 의해서 결정된다. 아버지와 아들의 얼굴이 비슷하다는 건 얼굴뼈의 구조와 근육의 배치가 비슷하다는 이야기이다. 그러니 부모와 비슷한 얼굴 근육을 가진 갓난아기가 부모와 비슷한 표정을 짓는 것은 너무나도 당연한 이야기이다.

표정이 유전으로 완성이 되는지, 학습의 결과로 완성이 되는지는 결론이 나지 않는다. 이럴 때 가장 쉬운 답변은 '둘 모두 관여한다'가 될 것이다. 그리고 이 답이 맞다. 표정은 유전과 학습의 상호작용으로 완성된다.

진화론의 창시자인 찰스 다윈Charles Darwin은 1872년에 『인간과 동물의 감정 표현The Expression of the Emotions in Man and Animals』이라는 책을 썼다. 그 책의 핵심 내용은 몸과 얼굴을 이용해 정서를 표현하는 것이 생존에 아주 필수적인 일이라는 것이다. 정서를 언어로 표현할 수 있기는 하지만, 언어는 매우 고차원적인 사고 능력을 요구하는 것으로, 경우에 따라서는 전혀 전달이 안 되기도 한다. 내가 학생에게 야단을 치면서 온화하게 말하면 막상 그 학생은 자신이 야단을 맞고 있는지를 모르기도 하는 것처럼. 하지만 얼굴과 몸으로 강하게 표현되는 정서는 전달력이 매우 높다. 외국어를 전혀 모르는데도 나에게 욕하는 것만큼은 쉽게 알 수 있는 것처럼. 사자가 자신의 먹이에 눈독을 들이는 하이에나를 위협하기 위해 분노한 표정을 짓고 이빨을 드러내는 것처럼, 자신의 의사를 표현하는 데는 표정과 몸짓만큼 효과적인 방법이 더 없다.

다윈은 또 한 가지 흥미로운 이야기를 하는데, 인간과 동물이 정서를 표현하는 특정 방식을 공유한다는 것이다. 사람이 분노를 표현하는 표정과 개가 분노를 표현하는 표정은 의외로 흡사하다. 얼굴 구조가 흡사한 사람과 원숭이의 경우도 물론이다. 일리가 있는 말이다. 소통은 의사를 주고받는 것이다. 내가 아무리 분노한 표정을 지어도, 상대방이 알아차리지 못하면 아무 의미가 없다. 상대방이 알아볼 수 있는 형태로 표현해야 하는 것이다. 종이 달라도 알아볼 수 있는 방식을 써야 할 것이다.

그런데 여기서 한 가지 의문점이 떠오른다. 동물과 인간의 정서 표현 방식이 종을 넘어설 정도로 유사하다면 인간의 정서 표현 방식도 모두 동일할까? 문화로 인한 차이는 존재하지 않는 걸까?

정서를 표현하는 방식에 문화권의 차이는 존재한다. 즐거운 일이 있을 때 서로 손바닥을 마주치는 행위, 일명 하이파이브는 기쁨을 표현하고 서로 동료애를 느낄 수 있게 해준다. 하지만 그리스에서 하이파이브는 분노를 표현하는 동작이라고 한다. 우리나라에서는 대화를 할 때 윗사람의 눈을 똑바로 보지 않는 것이 예의이지만, 미국에서는 눈을 마주쳐야 상대를 존중하는 것이라고 한다. 또한 아시아권의 사람들은 윗사람 혹은 존중하는 사람의 면전에서 부정적인 정서를 표현하는 것을 피해야 한다고 생각하지만, 서구권에서는 적용되지 않는 예법이다.

정서 연구 방법 중 하나로 단어 조사가 있다. 단어, 특히 형용사에는 그 문화권 사람들이 실제로 경험하는 정서가 담겨 있다. 그런데 어떤 정서를 묘사하는 단어는 특정 문화권에서만 발견된다. 우리말에 있는 "쎄하다"리는 표현에 정확하게 들어맞는 영어 단어를 찾기란 쉽지 않다.

정서와 관련해 행동과 언어에는 이런 문화 차이들이 있다. 그러나 이는 대부분 정서를 표현하는 규범에 해당하는 것들이다. 얼굴로 드러나는 표정 자체까지 문화권마다 다를까? 단어만 보면 느끼는 정서 자체가 다르기도 한 거 같은데. 이런 점을 고려하면 공통적인 얼굴 표정이 있으리라고 쉽게 생각하기 힘들 수도 있다.

표정이 문화권에 상관없이 통용될 수 있는지에 대해서 직접적으로 알아본 사람이 있다. 얼굴 표정 연구에 큰 획을 그은 폴 에크만 Paul Ekman이라는 학자다. 그는 미국 남자의 얼굴 표정을 담은 사진들을 가지고 산 넘고 물 건너 남태평양에 있는 파푸아뉴기니로 갔다. 그곳에는 포어족이라는 부족이 있었는데, 1970년대 이전까지 서구문명사회와는 완전히 고립되어 석기시대의 삶을 살았던 부족이다. 그 부족 사람들은 백인을 만난 경험이 없었다. 에크만은 그들에게 사진 속 남자의 표정을 보고 담겨 있는 정서를 말하라고 했다. 포어족 사람들은 백인 남자의 표정을 정확하게 읽어냈다.

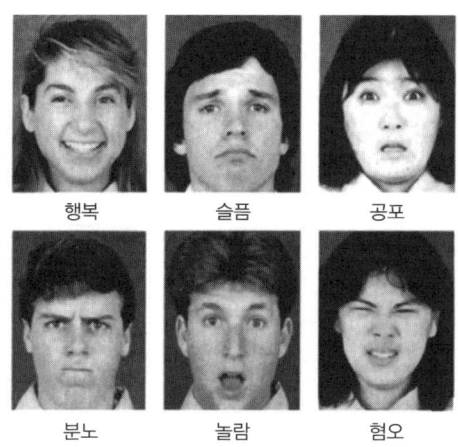

에크만의 기본 정서

폴 에크만은 이후 여러 후속 연구들을 진행하며 전 세계의 사람들 사이에서 문화나 역사에 상관없이 통용되는 여섯 가지 얼굴 표정이 있다고 정리했다. 이를 기본 정서basic emotion라고 했는데, 분노, 혐오, 공포, 행복, 슬픔, 놀람이다.[18]

위 사진은 여섯 정서의 기본적인 표정이다. 기본 정서가 에크만이 주장한 대로 여섯 가지인지에 대해서는 계속 논란이 있다. 놀람이 공포와 공통적인 요인을 공유하고 있는 유사한 표정이기에 기본 표정은 놀람을 뺀 다섯 개라고 말하는 연구자도 있고, 마찬가지로 분노와 혐오가 유사하다며 네 개까지로 줄이는 연구자도 있다. 반대로 에크만의 기본 정서에 당황, 흥겨움, 죄책감, 수치심, 자부심 등을 추가하는 연구자들도 있다. 기본 정서가 몇 개인지, 어떤 것인지에 대해서는 논란이 있지만, 그래도 가장 확실한 것은 어떤 표정은 전 세계적으로 통용된다는 것이다.

물론 우리의 모든 표정이 전 세계적으로 통용되지는 않는다. 우리에게는 수없이 많은 표정들이 있고, 이 중에서 보편성을 갖는 표정은 일부다. 언어도 언어마다 표현하는 정서가 조금씩 다르지 않던가. 일본인들의 경우 분노를 나타내는 표성을, 베트남인들의 경우 혐오감을 나타내는 표정을 인식하는 능력이 떨어진다는 연구도 있어 문화적인 차이를 고려하지 않을 수 없다.

표정은 보편성을 가지고 있다. 과거에는 표정이 교육과 문화의 산물이라는 주장이 정설처럼 받아들였지만, 최근에는 그 위세가 약해졌다. 이제 전 세계는 매우 밀접하게 연관되어 있다. 말이 통하지 않아도 손짓, 발짓, 몸짓, 그리고 표정을 통해서 의사소통이 된다는 것을 외국인과의 만남이 잦아진 우리는 경험적으로 너무 잘 안다. 우리는 누구에게서든지 표정으로 그 사람의 마음을 읽어낼 수 있다. 지금 옆에 있는 사람의 얼굴을 잘 보자. 차마 말하지 못하는 그 사람의 마음이 느껴질 것이다.

얼굴은 거짓말을 못 해
폴 에크만의 미표정

 숨겨야 한다. 최대한 마음을 가라앉히고 평온한 웃음을 유지하고 조심스럽게 말한다.
 "엄마, 성적표 아직 안 나왔어."
 엄마가 의미심장한 웃음을 지으며 말한다.
 "그런데 너 눈이랑 입 표정이 달라."
 엄마는 어떻게 내 거짓말을 알아본 걸까?
 우리는 의사소통을 하는 동안 끊임없이 진실게임을 한다. 상대방이 하는 말이 사실인지 아닌지, 내가 한 거짓말이 상대방에게 들통날지 아닐지, 내가 말한 진실이 거짓으로 오인될지 아닐지 고민한다. 진실만이 존재하는 세상에서 살면 이런 쓸데없는 고민을 하지 않아도 될 텐데. 진실과 거짓이 뒤엉켜 있는 세상에 살다 보니 상대의 진심을 알고 싶을 때가 많다. 적어도 상대방의 거짓을 쉽게 발견하는 방법이 있으면 얼마나 좋을까. 원더우먼이 가지고 있는 '진실의 올가미'*를 갖고 싶어하는 사람이 나만은 아닐 것이다.

거짓을 가리는 것은 범죄와 관련된 영역에서 더 중요하다. 범죄를 목격한 목격자의 진술에 신빙성이 있는지도 판단해야 하고, 자신은 범죄를 저지르지 않았다며 잡아떼는 용의자의 거짓말도 찾아내야 한다. 그래서 우리는 거짓말 탐지기를 사용한다.

거짓말 탐지기는 기본적으로 인간의 생리적 반응을 토대로 거짓말을 판별하는 기계다. 거짓말 탐지기를 영어로 하면 'polygraph'인데, poly가 '여럿'이라는 뜻이니, 굳이 직역하면 '여러 개의 그래프'로, 말 그대로 혈압, 맥박, 호흡, 피부 전도율 skin conductivity 등 여러 가지 생리적 반응을 측정하여 거짓 여부를 가린다.

거짓말 탐지기의 원리를 간략하게 살펴보자. 보통 우리는 편한 마음으로 거짓말을 할 수 없다. 거짓이 발각될 것이라는 두려움이 마음을 장악한다. 이렇게 강한 정서가 발생하면, 우리 뇌에서 '정서 중추'라는 별명을 가진 편도체가 반응해,** 자율신경계의 반응이 달라진다. 그 결과 위에서 언급한 여러 가지 생리적 반응이 진실을 이야기할 때와 상이한 패턴을 보이게 된다. 거짓말 탐지기는

---

* DC코믹스의 캐릭터인 원더우먼은 묶인 상대가 진실만을 말하게 하는 밧줄을 가지고 있다.
** 정확히는 편도체가 먼저 반응하고 이후에 정서가 발생한다.

이를 발견해서 거짓을 탐지한다.

미국의 심리학자인 윌리엄 마스턴William Marston은 혈압과 거짓말의 관계를 밝힌, 최초의 현대적 거짓말 탐지기의 발명가다. 마스턴에게는 요즘말로 '부캐'가 있었는데, 그는 찰스 몰턴Charles Moulton이라는 이름으로 작가로 활동했다. 그의 대표작이 너무나도 유명한 〈원더우먼〉이다. 그렇다. 원더우먼의 진실의 올가미는 거짓말 탐지기에서 가지고 온 아이디어였다.

그런데 거짓말 탐지기에는 치명적인 문제가 있다. 생각보다 정확도가 높지 않다는 것이다. 진실을 말할 때와 거짓을 말할 때 생리적 반응이 달라져야 거짓 탐지가 가능한데, 거짓을 진실로 믿고 있거나, 아니면 거짓을 말할 때 아무런 두려움이나 떨림을 느끼지 않는 뻔뻔한 사람이라면 진실을 말할 때와의 차이가 거의 없어진다. 사기꾼과 같이 거짓에 익숙한 범죄자들이라면 더 차이가 없지 않을까? 그래서 거짓말 탐지기의 결과는 우리나라에서는 법적 증거 능력을 갖지 못한다.•

이러한 한계를 극복하기 위해, 더 정확한 거짓말 탐지기를 개발하려는 노력이 계속되고 있다. 특히 최근에는 뇌영상brain imaging 기법을 이용한 거짓 탐지가 시도되고 있다. 뇌영상 기법은 뇌의 사진을 찍어서 분석하며, 어떤 사실을 접할 때 거짓을 말하는 자와 진

• 미국은 거짓말 탐지기의 결과를 법적 증거로 인정하는 주도 상당수 있다.

실을 말하는 자의 뇌 활동 방식이 다르다는 점에 기인한다. 예를 들어 보면, 우리의 뇌는 어떤 것을 반복해서 보면 뇌 활동이 약해지는 경향이 있다. 범죄 용의자에게 피해자의 사진을 보여준다고 해보자. 만일 그 용의자가 실제 범인이라면 그는 피해자를 전에 본 적이 있을 것이고, 만일 범인이 아니라면 피해자를 처음 보는 것이니 경우에 따라 뇌 활동 정도가 달라질 것이다. 범인인 경우에 뇌 활동 정도가 약해지는 것으로 말이다.

거짓말 탐지기와 뇌영상 기법을 동시에 사용하면 거의 90%에 육박하는 정확도를 보인다. 거짓말 탐지기 기계의 값이 한 대에 3~4천만 원에 이르고, 뇌영상 기법에 가장 많이 사용하는 MRI 기계의 경우 10억이 훨씬 넘는 가격이니, 가성비는 그렇게 좋지 않다. 이보다 더 저렴하게 거짓을 탐지할 수 있는 방법은 없을까?

〈라이 투 미Lie to Me〉라는 미국 드라마가 있다. 주인공인 라이트먼 박사가 범죄 수사를 돕는 이야기인데, '박사'라고 굳이 칭한 이유는 라이트먼이 경찰이나 FBI 등에서 수사를 하는 수사관이 아니라, 심리학 박사이기 때문이다. 라이트먼 박사의 주특기가 바로 거짓말 탐지다. 그런데 라이트먼 박사에게는 고가의 장비가 필요하지 않다. 그에게는 '눈'만 있으면 된다.

라이트먼 박사는 사람의 얼굴을 보는 것만으로 그 사람이 진실을 말하는지 거짓을 말하는지를 구분한다. 살아 있는 거짓말 탐지기인 셈이다. 특별한 초능력을 가진 것은 아니다. 단지 다른 사람보다 얼굴을 조금 더 잘 이해할 뿐이다. 그는 표정으로 거짓말을 잡아낸다.

표정은 관리할 수 있다. 즐겁지 않아도 즐거운 척 웃을 수 있다. 하지만 표정 연기가 시작되기 직전, 매우 짧은 시간 동안 순간적으로 진심을 알려주는 표정이 나온다. 이 표정은 나의 의지와 노력으로도 어찌할 수 없다. 라이트먼 박사는 이 진심 어린 표정을 탐지해 내는 전문가였던 것이다.

사람의 얼굴만 봐도 그 사람이 진실된지를 판독할 수 있다니. 이런 기술이 실제로 존재한다면 얼마나 좋을까? 정말 존재한다. 라이트먼 박사는 실존 인물을 모델로 만들어진 캐릭터다. 바로 앞에서 말한 폴 에크만이 그 주인공이다.

에크만은 대학에서 정신과 수련의들에게 강의를 하던 도중에 한 환자가 거짓말로 외출을 허락받은 후 자살을 기도했다는 이야기를 들었다. 에크만은 그 환자가 의사에게 거짓말을 했던 동영상을 얻어, 반복해서 천천히 한 프레임, 한 프레임 확인했다. 그리고 찰나의 순간 유지된 진실의 시간을 찾아낸다. 의사가 환자에게 장래 계획을 물었을 때 환자는 정말 아주 잠시 동안 고통스러운 표정을 짓다가 즉시 웃음으로 표정을 감추며 행복할 것이라고 답했다. 웃음으로 감춘 고통의 표정이 유지된 시간은 0.1초가 되지 않는 짧은 순간이었다.

에크만은 이 표정, 진심이 얼굴에 표현되는 이 순간적인 표정을

'미표정micro facial expression'이라고 명명했고, 이를 분석하면 사람의 본심을 알 수 있다고 주장했다. 우리는 의도에 따라서 마음을 숨길 수 있다. 하지만 마음을 숨기기 위해서 거짓으로 뭔가를 꾸미려면 뇌에게 시간과 에너지가 필요하다. 거짓을 만들어내는 것은 쉽지 않고, 매우 높은 수준의 인지적인 노력과 능력이 필요하다. 거짓으로 무엇인가를 만들어 반응할 때까지 그 기간 동안 얼굴에는 우리의 마음이 나타난다. 미표정을 읽어내는 것은 쉽지 않지만, 단기간 훈련하는 것만으로도 거짓 탐지 정확률이 매우 높다고 한다.

얼굴을 보고 거짓말을 알아채는 능력은 무척이나 신비로워 보인다. 하지만 이 능력은 그냥 얼굴에 드러난 표정을 읽는 것뿐이다. 우리는 표정을 통해 마음을 말하는 셈이다.

눈으로 욕을 할 수 있는 이유
마음이론

 어릴 적 무엇인가 잘못을 저지르고 잠시 몸을 피했다가 다시 부모님을 마주했을 때의 기억을 잠시만 떠올려 보자. 우리는 제일 먼저 무엇을 했던가? 부모님의 표정을 살폈을 것이다. 부모님의 표정에 따라 우리의 전략은 달라진다. 내 잘못을 인지하지 못했거나 신경을 안 쓰는 것 같은 평안한 표정이라면 굳이 어색한 반성의 말을 해서 긁어 부스럼을 만들지는 않을 것이다. 하지만 만일 폭발 1분 전의 얼굴 표정이라면? 다시 도망가거나, 아니면 눈도 안 마주치고 땅바닥에 머리를 대로 손바닥을 싹싹 빌어대면서 용서를 구할 것이다.

 타인의 표정을 보고 정서를 알아내는 일은 말 그대로 나의 생존과 밀접한 관련이 있다. 생존과 표정 파악이 관련이 있다면, 우리는 당연히 표정의 의미를 빨리 알아내야 한다. 표정 인식 속도가 아주

느리다면 표정으로 정서를 파악한다는 게 무슨 의미가 있을까?

그래서 우리는 매우 빠른 속도로 표정을 인식한다. 여러 번 말했지만 얼굴 정보를 처리할 때는 속도가 생명이다. 속도와 정확도 중 하나를 택하라면 속도를 택하는 경우가 많다. 그래서 얼굴에 있는 정보를 처리할 때 전역적 처리를 한다. 표정 역시 전역적 처리를 사용한다. 다시 말하면 눈, 코, 입의 세부적인 사항을 정교하게 분석해서 표정을 인식하는 것이 아니고, 눈, 코, 입의 전반적인 배열 정보를 사용해서 표정을 인식한다.

그런데 전반적인 배열 정보를 사용해서 표정을 인식한다면, 우리는 눈만 보고서는 표정을 인식할 수 없는 것일까? 그것은 아니다. 기본적으로 얼굴에 있는 정보를 처리하는 데는 전역적 처리와 세부 특징 기반 처리, 두 가지 방법 모두 사용된다. 단지 빠른 시간 안에 결과를 산출하기 위해서, 즉 순식간에 표정을 알아차리기 위해서 전역적 처리를 우선적으로 사용하는 것이다. 그래서 전반적인 얼굴 배열을 확인할 수 없는 상황에서도 표정을 알아볼 수 있다. 물론 전체 얼굴을 보는 것보다 정확도는 떨어지겠지만 말이다.

코로나-19가 유행하던 때 마스크가 일상이 되었다. 이때 마스크에 대한 연구가 많이 진행되었는데, 마스크를 착용한 얼굴을 보고도 어느 정도 표정을 인식할 수 있다는 연구 결과들이 있다.[19] 이 말은 곧 눈 주변의 정보만으로 표정을 알아볼 수 있다는 의미다. 물론 눈을 통해 표정을 알아볼 수 있다는 사실이 새로운 발견은 아니었다. 코로나-19 이전에도 눈 주변의 정보로 표정을 인식하는 능력은 심리학에서 중요하게 다루어졌다. 'Reading the Mind in the Eye Test^{RMET}'라는 검사가 있다. 우리말로 번역하자면 '눈에서 마음 읽기 검사' 정도가 될 것이다.

RMET 검사는 말 그대로 얼굴 중에서 눈 주변 부위만 보여주고 표정을 맞히는 검사다. 심리학에서 검사는 주로 개인차individual difference를 측정하기 위해서 고안된다. IQIntelligence Quotient 검사가 각 개인들의 지능이 얼마나 차이나는 지를 측정하고, PCL-RPsychopathy CheckList-Revised 검사가 각 개인들의 사이코패스 성향 정도를 측정하는 것과 마찬가지다. RMET 검사는 개인의 사회 인지 능력, 특히 '마음이론Theory of Mind' 능력을 측정할 때에 주로 사용된다.

마음이론이라고 하니 거창해 보이지만 쉽게 말하면 '역지사지' 능력이라고 생각하면 된다. 타인의 시선에서 사물과 상황을 이해하는 능력을 말한다. 마음이론은 발달 심리학에서 중요하게 여겨진다. 아이들이 어릴 때에는 자기중심성이 강하다가 3~4세 즈음해서 타인의 시각을 이해하는 단계로 성장하는데, 이때 '마음이론에 대한 이해가 높아졌다'고 한다.

마음이론을 획득했는지 확인하는 실험 절차로 '틀린 믿음 과제false belief task'라는 것이 있다. 이 과제에서는 일단 아이에게 과자 상자를 보여주면서 그 안에 무엇이 들어있는지 대답해 보라고 한다. 아이들의 답변은 당연히 "과자"다. 답변을 듣고 나서 아이에게 상자 안을 확인시켜 준다. 상자에는 과자가 아닌 동전이 들어 있다. 그 후에 상자 안을 본 적 없는 다른 친구에게 물어보면 그 친구는 상자에 무엇이 들어 있다고 대답할지를 물어 본다. 이때 정답은 "과자"다. 하지만 3세 정도의 아동들은 "동전"이라고 대답한다. 자신의 시각에서 상황을 이해하기 때문에, 자신이 아는 사실을 다른 친구도 알 것이라고 생각하는 것이다. 하지만 4~5세 정도 되는 아이들은 "과자"라고 대답한다. 4~5세 정도만 되어도 마음이론을 획득하기 때문이다.

RMET 검사는 이 마음이론 능력을 어느 정도 갖추고 있는지 측정하는 목적으로 사용된다. 우리는 4~5세면 마음이론 능력을 획득하지만, 이 마음이론 능력은 더 자라도 꽤나 취약하다. 연인의 선물을 고를 때, 우리는 상대방이 좋아할 선물을 고를까, 아니면 내가 보기에 좋은 선물을 고를까? 부모는 자녀의 생일 선물로 자녀가 원하는 것이 아니라 자신이 자녀에게 필요하다고 생각하는 것을 고르는 경향이 있다. 함께 일을 하는 동료들에게 우리는 얼마나 마음이론 능력을 발휘할까? 퇴근 시간 직전에 새로운 업무를 전해주는 상사는 훌륭한 마음이론 능력을 갖추었다고 말하기 힘들 것이다.

표정을 읽는 능력을 테스트하는 RMET 검사로 마음이론을 측정한다. 이 말은 곧 표정을 보고 인식하는 것이 서로를 이해하고 공감하는 과정이라는 의미다. 그만큼 표정은 이해와 공감으로 향하는 중요한 통로다.

2010년에 흥미롭지만 조금은 무서운 연구 결과가 나왔다. 얼굴이 보톡스 주사를 맞은 사람들이 다른 사람의 얼굴 표정을 인식하거나 글을 읽고 글에 담긴 정서를 파악하는 데 어려움을 겪는다는 내용이었다.[20] 보톡스는 보툴리눔 독소가 주성분인 의약품이자 독소다. 심지어 양차 세계 대전에서 세균전에 사용하는 방안도 고안되었을 정도로 무시무시한 독소다.* 그런데 요즘 많은 사람들은 미용을 위해 보톡스 주사를 맞는다. 주름을 펴주는 용도로 말이다.

보톡스를 맞으면 얼굴 근육이 마비되어 제대로 된 표정을 짓지 못하게 된다. 표정을 짓는 것과 정서를 느끼는 것은 연관되어 있기에, 표정을 짓지 못하면 해당 정서를 잘 느끼지 못하게 된다. 더 나아가 다른 사람의 표정까지 잘 인식하지 못하게 되는 것이다.

집단생활을 하는 인간에게 중요한 성격 특질 중 하나가 공감 능력이다. 옆에 있는 사람의 정서를 파악하고 이에 공감하는 것은 유대감을 높이고 더 원활한 협력을 가능하게 한다. 그래서 우리 인간은 다른 사람에게 공감하는 기제를 가지고 태어난다.

많은 연구자들이 공감 능력의 핵심이라고 언급하는 '거울뉴런

---

* 보톡스라는 이름에도 흥미로운 심리적 현상이 있다. 보톡스를 보툴리눔 독소라고 불렀다면, 이렇게 많은 사람들이 보톡스 주사를 쉽게 맞지는 않았을 것이다. 명칭을 어떻게 붙이는지에 따라 우리의 판단이 달라진다.

mirror neuron'이라는 신경세포가 있다. 거울뉴런은 자신이 행위를 직접 할 때와 다른 사람이 그 행위를 하는 것을 눈으로 봤을 때 동일하게 작동한다. 사람들은 거울뉴런 덕택에 다른 사람의 모습을 보고 그 내면을 함께 이해하고 공감한다.

'거울'이라는 표현에서 알 수 있듯이 공감의 첫 단계는 모방하는 것이다. 남이 하는 행동을 따라 하면서 그 사람의 입장을 이해하게 된다. 표정도 마찬가지이다. 내 앞의 사람이 웃으면 나도 모르게 따라 웃게 된다. 웃음이라는 표정의 모방은 기쁨이라는 정서의 모방으로 이어진다. 이렇게 그 사람의 정서가 나에게 전염된다.

최근 연구는 정서뿐 아니라 표정도 전염된다는 것을 보여준다.[21] 옆에 있는 사람이 웃을 때 나도 같이 웃음 짓게 되는 정도의 수준이 아니다. 일종의 착시 현상까지 일어난다. 연구 참가자들에게 사람 얼굴을 제시한 뒤 그 사람의 표정을 알아맞히도록 했다. 그런데 그 사람이 실제로 아무런 표정을 짓지 않고 무표정하게 있어도, 그 사람 주변에 있는 사람들이 활짝 웃고 있으면 무표정한 얼굴을 웃고 있는 얼굴로 지각했다. 그 사람의 표정이 주변 사람들의 표정과 유사하게 보였다는 것이다.

언제나 밝게 웃으면서 긍정적인 에너지를 나눠주는 사람은 곁에 두고 싶어진다. 그 사람이 옆에 있으면 덩달아 밝아지고 힘이 나는 것 같다. 만약 내가 웃는 것이 어색하다면 잘 웃는 사람 옆에 서보자. 당신 옆에서 밝게 웃는 그 사람이 당신의 표정도 밝게 보이도록 만들어줄 것이다.

 나는 어떤 사람일까? 다른 사람들이 옆에 두고 싶어 하는 사람일까? 당신의 표정과 에너지도 주변에 전염될 것이다. 웃자! 밝게!

진짜 웃음은 만들어낼 수 없다
뒤센 미소와 팬암 미소

"웃음은 내가 누구에게나 줄 수 있는 가장 저렴한 선물이지만, 그 힘은 세상을 정복할 수 있다."

세계적인 베스트셀러 『위대한 상인의 비밀The Greatest Salesman in the World』의 저자인 오그 만디노Og Mandino의 말이다. 굳이 세상을 정복할 필요야 없겠지만, 웃음이 강력한 힘을 가진 무기임은 확실하다.

웃음은 사회적 관계에서 큰 장점으로 작용한다. 웃음을 짓고 있는 사람에게 많은 사회적 혜택이 돌아간다. 웃음의 효과를 다룬 한 연구[22]에 따르면 웃고 있는 사람들은 무표정인 사람들에 비해서 더 사회성이 높은 것으로 여겨졌다. 그런데 흥미로운 점은 사회성 이외에 성실성에 대해서도 더 높은 점수를 받은 것이다. 잘 웃는 사람은 자신의 감정을 잘 표현할 테니, 사회성과 웃음이 관계 있음을 짐작하기란 쉽다. 그런데 성실성 평가에도 웃음이 좋은 영향을 준다니, 왜일까?

이는 뒤에서 자세히 살펴볼 '후광 효과halo effect'의 영향일 수도 있다. 어떤 특징이 그 특징과 관계가 없는 다른 요소를 평가할 때 영향을 준다는 것이다. 외모가 매력적인 사람이 인성이 좋고 머리도 좋을 거라고 생각하는 식으로 말이다. 이 후광 효과 연구에서 가장 중점적으로 알아보려고 했던 것도 웃음과 매력 간의 관계였다.

웃으면 더 매력적으로 보인다는 말을 많이 들었을 것이다. 보통 일상적으로도 많이 사용되는 표현이다. 웃음과 매력 간의 상관관계는 여러 가지로 타당하게 들린다. 우리는 나에게 호의적인 사람을 호의적으로 본다. 호감을 표현하는 다양한 비언어적인 표현 중 가장 강력한 방법이 바로 웃음이다.

에크만이 주장했던, 전 세계 공통이라는 기본 정서는 분노, 혐오, 공포, 행복, 슬픔, 놀람이다. 여섯 가지보다 더 많을 수도, 더 적을 수도 있는 복잡한 정서의 세계지만 가장 간단하게 두 종류로 나눌 수 있다. 긍정정서와 부정정서다. 에크만의 기본정서를 부정정서와 긍정정서로 구분해 보자. 살펴보면 행복만이 긍정정서에 해당하고, 나머지는 모두 부정정서에 해당한다.

왜 이렇게 부정적인 쪽에 우리의 정서가 쏠려 있을까? 진화심리학에서는 부정정서를 빨리 알아차리는 것이 생존에 더 유리하기 때문이라고 설명한다. 부정적인 자극을 빨리 찾아내서 도망가야 하니까.

그렇다면 왜 행복이라는 긍정표정은 쉽게 찾아낼 수 있게 된 걸까? 그 이유도 명확하다. 나를 보고 행복한 표정을 짓고 있는 사람은 우군일 확률이 높기 때문이다. 내 편이 짓고 있을 행복한 표정이 바로 웃는 표정이다.

정말로 우리는 웃고 있는 사람을 더 매력적으로 지각할까? 사실 이 명제는 반은 맞고 반은 틀렸다. 여기서 성별에 따른 차별과 차이가 크게 발생한다. 우리는 여성이 웃고 있을 때 더 매력적이라고 생각한다. 이 명제는 여러 연구에서 반복적으로 발견된 결과라서 별로 논쟁의 여지가 없다. 문제는 웃고 있는 남성이다. 웃고 있는 남성이 항상 매력적이지는 않다.

왜 웃음의 효과가 남성의 매력에는 적용되지 않을까? 마사요시 오쿠보Masayoshi Okubo와 연구진들은 색다른 연구를 진행했다.[23] 웃고 있는 남성을 보고 매력도를 평가하도록 한 것에 더해 상황을 조절했다. 한 조건에서는 그 남성과 오래 사귈 것이라고 가정하고 매력도를 평가하라고 했고, 다른 조건에서는 그 남성과 짧게 사귈 것이라고 가정하고 매력도를 평가하라고 했다. 그랬더니 오래 사귈 남성을 가정했을 때에는 웃음을 짓고 있는 남성을 더 매력적이라고 평가했고, 잠깐 사귈 남성을 가정하고 판단했을 때는 아무 표정을 짓고 있지 않은 남성을 더 매력적이라고 평가했다.

연구자들은 이 결과를 진화심리학적인 관점에서 해석했다. 웃음은 남성성을 낮추고 신뢰성을 높인다. 여기서 남성성이란 지배성,

공격성, 신체적 강인함, 경쟁성 등 전통적으로 서구권 문화에서 '남성적'이라고 여겨져 온 속성을 말한다. 장기간 함께 만나며 가정을 꾸릴 가능성이 높은 경우에는 함께 양육을 담당하고 안정적인 가정을 꾸릴 수 있는 남성을 선호하기 때문에 믿음직스럽고 사회성이 높은 남성에게 더 매력을 느낀다. 반대로 짧은 만남을 예상하는 사람이라면 남성성이 높아 보일수록 더 매력적이라고 판단한다는 것이다.

그럼 남성은 어떻게 하라는 것인가? 웃으라는 것인가, 아니면 그냥 무표정하게 있으라는 건가? 사실 현대 사회에서 원하는 인간상은 남성이나 여성이나 크게 다르지 않다. 웃음이 주는 사회적 강점은 웃는 남자도 더 매력적으로 보이게 할 것이니, 너무 고민하지 말고 웃는 편이 낫겠다.

표정은 우리의 내면, 정서를 얼굴을 통해 표현하는 것이다. 하지만 표정도 꾸밀 수 있다. 상사가 싫은 소리를 해도 우리는 싫다는 감정을 얼굴로 표현하기 힘들다. 이때는 표정을 감추는 것이 성공적인 사회생활이다. 하지만 그럼에도 꾸밀 수 없는, 진심이 표현되는 매우 짧은 순간, 진실한 미표정이 있다는 사실을 앞에서 말했다. 훈련을 하면 어느 정도 미표정을 탐지해 낼 수 있지만, 이 말은 역설적으로 훈련을 받지 않으면 미표정을 알아차리기 힘들다는 뜻이기도 하다.

그런데 특별한 훈련을 받지 않은 사람도 표정의 진실을 비교적 쉽게 알아차리는 경우가 있다. 바로 거짓 웃음이다. 우리는 가짜 웃음을 비교적 쉽게 탐지해 낼 수 있다. 진심이 아닌 웃음을 탐지하는, 웃음 뒤의 다른 마음을 경계하라는 우리의 경보 장치다.

우리는 표정을 짓기 위해 얼굴에 있는 근육들을 사용한다. 얼굴에는 80여 개의 근육이 있는데 그중 42개가 웃음과 관련이 있다. 이 42개의 얼굴 근육들을 잘 조합하면 19가지 종류의 웃음이 만들어지는데, 이중 18개는 거짓 웃음이다. 오직 단 하나만이 진정한 웃음이라고 할 수 있다. 이 웃음은 다른 거짓 웃음들과 눈 주변이 다르다.

프랑스의 의사이자 신경학자인 기욤-뱅자맹-아르망 뒤셴 드 불로뉴Guillaume-Benjamin-Amand Duchenne de Boulogne는 안면 근육 마비로 고생하는 구두 수선공을 대상으로 조금은 끔찍한 실험을 했다. 얼굴의 여러 부분을 전기로 자극하고 그 전기 자극으로 근육이 수축하면서 만들어지는 표정을 확인하는 것이었다. (구두 수선공은 전기 자극으로 인해 통증을 전혀 느끼지 못했다.)

그의 주장에 따르면 웃음에 중요한 역할을 하는 얼굴 근육이 둘 있다. 하나는 큰광대근(대협골근, 광대뼈에서 양 입술 가장자리로 이어져 있는 근육)이고 다른 하나는 눈둘레근(안륜근, 눈주위를 둘러싸고 있는 근육)이다. 이 두 근육이 함께 수축하면 웃는 표정이 된다. 그런데 큰광대근은 의도적으로 수축하는 것이 가능한데, 눈둘레근은 의도적으로 수축하는 것이 불가능하다. 그래서 이 눈둘레근이 수축된 형태의 웃음이 진정한 웃음이라고 주장했다.

뒤센의 연구가 있고 100여 년 뒤 에크만은 아무리 노력해도 눈둘레근은 의도적으로 수축되지 않으며, 눈둘레근이 수축된 웃음이 진정한 웃음임을 다시 한번 확인했다. 뇌파 연구 결과를 봐도 눈둘레근이 수축된 웃음을 지을 때에는 즐거움을 느낄 때 관여하는 뇌 영역이 활성화되었지만, 입술만 움직이는 미소는 그렇지 않았다. 에크만은 이 위대한 발견을 한 뒤센의 이름을 붙여 진정한 웃음을 '뒤센 미소Duchenne Smile'라고 명명했다.

그런데 우리는 카메라 앞에서 의도적으로 눈웃음을 짓지 않던가? 이때 사용하는 근육이 눈둘레근 아닌가? 맞다. 우리는 필요할 때 눈둘레근을 수축해서 눈웃음을 짓는다. 그럼 뒤센과 에크만은 거짓말을 한 건가? 그건 아니다. 눈둘레근은 두 부위로 구분할 수 있는데, 눈꺼풀과 그 주변 피부를 수축시키는 안쪽 부위와 안와(해골에서 안구가 들어가는 뻥 뚫린 공간) 주위를 관장하는 바깥쪽 부위다. 바깥쪽 부위는 의도적인 수축이 가능하다. 하지만 안쪽 부위는 불가능하다.• 그러니까 바깥쪽 부위의 수축으로 눈썹과 눈썹 밑의 피부를 아래로 내리는 눈웃음은 지을 수 있지만, 그것이 뒤센 미소는 아니라는 것이다.

• 10퍼센트 정도의 사람들이 할 수 있기는 하다.

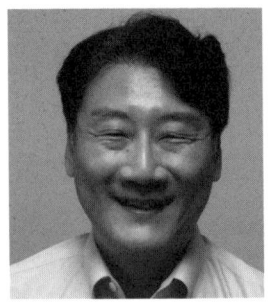 

뒤센 미소(좌)와 팬암 미소(우)

뒤센 미소가 아닌 거짓된 웃음을 '팬암 미소Pan Am Smile'라고 한다. 팬 아메리카 월드 항공Pan American World Airways이라는 미국 항공사가 있는데, 보통 줄여서 '팬암'이라고 한다. 이 항공사의 승무원들이 항상 보여주는 미소에서 유래한 이름이다.

진짜 웃음, 뒤센 미소에는 신기한 마법이 있다. 어니스트 아벨Ernest Abel과 마이크 크루거Michael Kruger는 1950년 이전에 데뷔한 메이저리그 야구선수 230명의 사진을 세 집단으로 나누어서 평균 수명을 조사했다. 집단은 그 야구선수들이 짓고 있는 표정을 토대로 나누었다. 무표정한 선수 집단, 입가에 미소만 짓는 선구 집단, 그리고 뒤센 미소를 짓는 선수 집단. 각 집단별 평균 수명은 각각 72.9세, 75세, 79.9세였다. 뒤센 미소를 짓는 선수들이 더 오래 살았다.[24]

리앤 하커LeeAnne Harker와 대처 켈트너Dacher Keltner는 대학교 졸업앨범에 있는 사진 속 주인공들을 대상으로 추적 연구를 진행했다.[25] 이 연구는 졸업사진 연구로도 불린다. 그들은 미국 한 여자대학의 졸업 앨범에 있는 141명의 졸업생들의 표정을 분석했는데, 세 명을 제외한 모든 학생들이 웃고 있었다. 절반 정도는 뒤센 미소를, 다른 절반 정도는 팬암 미소를 짓고 있었다. 이 학생들이 27세, 47세, 52세가 되었을 때 이들을 만나 결혼 및 생활의 만족도를 조사했다. 그 결과는 뒤센 미소를 짓고 있었던 사람이 결혼생활의 만족도가 높았고 이혼율은 낮았으며, 평균 소득도 높았다고 한다.

표정을 짓는 것은 우리가 정서를 느끼는 데 매우 중요한 역할을 한다. "웃으면 복이 온다"라는 표현이 있는데, 실제 우리는 웃으면 아주 행복해진다. 즉 우리가 어떤 정서를 느껴서 얼굴로 표현하기도 하지만, 그 반대로 표정을 지음으로써 해당 정서를 느끼게 되기도 한다. 이를 '안면되먹임 가설facial feedback hypothesis'이라고 한다.

저명한 심리학자인 로버트 자이온스Robert Zajonc의 1989년 실험[26]을 보면, 참가자들에게 일곱 종류의 모음(i, e, o, a, u, ah, ü)을 발음하도록 한 뒤 느껴지는 정서를 보고하도록 했다. 그 결과 'e'음을 길게 발음했을 때는 행복하다고, 'u'음을 길게 발음했을 때 기분이 좋지 않다고 말했다. 'e'음을 길게 발음하면 웃는 것과 유사한 표정이 지어지고, 'u'음을 길게 발음하면 인상을 찌푸리게 되어 안 좋은 느낌이 든다는 것이다. 이와 유사한 발견들은 매우 많은데, 입에 연필을 물고 있으면 광대가 승천하는 웃는 상이 되어 더 기분이 좋아지고, 코를 찡그리고 있으면 냄새가 더 불쾌하게 지각된다.

얼굴 표정과 정서는 너무 강력하게 연합이 되어 있어서 얼굴 표정 자체가 정서를 유발할 수 있다고 설명한다. '연합 association'은 학습심리학에서 많이 나오는 개념인데, 파블로브의 개를 떠올리면 된다. 종소리와 먹이가 연결되면 종소리만 들어도 침을 흘리게 되는 것처럼, 표정만 지어도 그 표정에 해당하는 정서가 자연스럽게 만들어진다는 것이다. 그러니 보톡스를 맞고 얼굴 근육의 움직임이 원활하지 않아져 표정을 제대로 짓지 못하면 기본적으로 내가 경험하는 정서가 줄어들게 된다.

뒤셴 미소를 짓던 사람들이 왜 더 높은 질의 삶을 사는지에 대해서는 다양한 설명이 있다. 긍정적인 마음을 갖고 있어서 그렇다고도 하고, 사회 활동에 큰 장점이 있었을 것이라는 설명도 있다. 굳이 이유를 이것저것 따질 필요가 있을까. 일단 웃어보자. 뒤셴 미소가 안 나와도 웃자. 앞에서 언급한 아벨과 크루거의 연구 결과를 보면, 뒤셴 미소 대신 팬암 미소를 짓고 있어도 무표정한 사람들보다는 오래 살지 않았나. 웃어서 손해 볼 것은 없다.

표정도 연습이 필요하다
표정과 얼굴 근육

 웃는 것은 매우 중요하다. 앞서 우리는 진짜든 거짓이든 웃음 자체를 중요하게 받아들인다고 말했다. 표정은 내면을 표현하는 방법이고, 우리는 상대의 표정을 받아들일 만반의 준비가 되어 있다. 그런데 우리는 표정을 제대로 짓고 있는 걸까?

 내가 대학원생이었을 때, 함께 공부하던 선배의 연구 주제가 표정에 관한 것이었다. 지각 및 인지 심리학 영역에서는 실험에 사용될 자극을 만드는 데 공을 많이 들인다. 그 선배도 일반인들을 모델로 사진을 직접 찍어 실험 자극을 제작하려고 했다. 에크만이 말하길 기본 정서와 관련된 표정은 세계 만국 공통이라고 했으니, 일반인들에게 기본 정서에 해당하는 얼굴 표정을 짓게 하고 사진을 찍어서 실험 참가자들에게 보여주면 참가자들이 표정을 쉽게 알아차리리라 생각했다.

그런데 이게 웬걸. 대부분의 사람들은 사진 속 모델들의 표정을 알아보지 못했다. 에크만이 틀린 것일까? 그런데 내가 봐도 사진 속 사람들의 표정을 해석하기 힘들었다. 그때 선배의 입에서 나온 말. "배우에게 부탁을 해볼까? 나도 표정 짓는 게 어색하거든." 결국 대학로에서 연극하는 배우들을 섭외해서 표정 사진을 찍었다. 사람들은 쉽게 배우들의 얼굴에서 표정을 인식해 낼 수 있었다. 에크만의 실험 결과를 드디어 확인할 수 있었다.

우리는 표정을 인식하는 전문가이지만, 표정을 표현하는 전문가는 아닌 듯하다. 특히 우리나라 사람들은 표정을 짓는 것에 익숙하지 않다. 표정을 활발하게 짓는 문화권에서 온 외국인들(가령 미국인)은 우리나라 사람들의 얼굴을 보고, 왜 다들 화가 나 있냐고 물어본다는 설이 있다. 심지어 우리나라 사람들도 무표정한 얼굴을 보면 화가 났다고 인식한다고 한다.

우리나라 사람들이 얼굴 표정 짓기에 인색한 것을 사회문화적으로 설명하기도 한다. 자신을 적극적으로 드러내는 문화권에서는 표정을 크게 짓는 것이 환영받는 행동이지만, 겸양을 미덕으로 하는 문화에서는 표정을 감추는 것이 예의라고 교육받기 때문이라는 것이다. 반면에 인종에 따른 얼굴 구조 차이가 이런 결과를 만들어낸다는 주장도 있다. 웃음과 관련된 큰광대근의 길이가 아시아인들이 백인들보다 더 길기에 입꼬리를 위로 올리는 표정을 짓기 더 어렵다는 것이다.

어떤 주장이 진실인지는 아직 모르지만, 확실한 것은 하나 있다. 우리는 생각보다 표정을 잘 짓지 못한다.

표정은 내면의 표출이다. 표정을 지어서 내면을 감추기도 하지만, 그 또한 또 다른 내면의 표출이다. 표정은 내면을 표현하는 얼굴 근육의 움직임이다. 폴 에크만은 이 얼굴 근육 움직임을 체계적으로 분류했다. 그는 얼굴의 움직임을 근육과 결부해서 확인했고, 이를 움직임 단위Action Unit, AU로 목록화했다. 이 목록을 얼굴 표정(움직임) 부호화 시스템Facial Action Coding System, FACS이라고 한다.

FACS를 배운다면 생각보다 얼굴의 움직임이 다양하다는 점에 놀라게 될 것이다. 1번 움직임 단위(AU 1)은 '안쪽 눈썹 올림inner brow raiser'이고 2번 움직임 단위(AU 2)는 '바깥쪽 눈썹 올림outer brow raiser'이다. 에크만은 이 움직임 단위로 표정을 표현했다. 예를 들어 행복이라는 정서의 표정은 AU 6*과 AU 12**의 결합이다. FACS는 지금도 사회심리학, 임상심리학, 범죄심리학 등의 심리학 분야에서뿐만 아니라 얼굴 표정 인식과 관련된 많은 AI에도 적용되고 있다.

참고로 나는 FACS를 배우기 전에 눈썹 안쪽과 바깥쪽을 따로 움직인다는 것을 상상할 수 없었다. 심지어 AU 2는 시도해 봐도 할 수가 없다. 그런데 우리 아이는 AU 2를 무척 잘한다. 내 유전자를

---

* Cheek Raiser. '볼 올림'으로 눈둘레근의 안쪽 부위의 움직임이다.
** Lip Corner Puller. '입꼬리 당김'으로 큰광대근의 움직임이다.

가졌으니 얼굴 근육도 나와 비슷하게 배치되었을 텐데 왜 나는 안 되고 아이는 될까? 내가 그쪽 얼굴 근육을 많이 사용하지 않아서 성장하면서 근육이 굳은 것 아닐까 추측할 뿐이다.

최근에는 자신의 몸을 가꾸는 것을 중요하게 여긴다. 미용이 목적이든 건강이 목적이든, 힘든 운동을 해가며 근육을 움직이고 키워 몸을 단련하는 사람들을 헬스클럽에 가면 쉽게 볼 수 있다. 고통이 없으면 얻는 것도 없다는 말처럼 몸 근육을 잘 쓰기 위해서는 연습과 훈련이 필요하다. 몸 근육이 그런데 얼굴 근육이라고 훈련 없이 잘 써지겠는가?

내게 결혼할 때 가장 힘들었던 순간이 언제였냐고 물으면 웨딩 사진을 찍을 때라고 답할 것이다. 매우 즐겁고 기억에 남는 경험이기는 했다. 하지만 "신랑님, 더 웃으셔야죠. 더요. 더. 이 보이게! 입꼬리 올리고!"라는 사진사의 지시에 따라 하루 종일 과한 웃음을 짓고 있었더니, 촬영을 마칠 때쯤에는 양쪽 볼에서 경련이 일어날 지경이었다. 아마도 평상시 잘 웃지 않아서 웃음에 쓰이는 근육이 약했던 탓일 것이다.

앞에서도 이야기했다. 웃으면 즐거워진다고. 실제 마음이 웃고 있지 않아도 웃으면 실제 내 마음도 웃게 된다고. 웃자. 그런데 조금 더 잘 웃자. 눈둘레근이 수축되지 않아서 뒤센 미소가 나오지 않는다고 해도, 할 수 있는만큼 더 웃자. 큰광대근을 써서 입꼬리를 더 당기고, 눈둘레근 중 바깥 부분을 수축시켜서 눈웃음도 지어

보자. 얼굴 근육이 단련될수록, 지금보다 더 멋진 삶을 살 수 있을 것이다.

2부

매력을 보다

5장

얼굴에 있는 힘, 매력

얼굴에서 가장 강력한 힘
매력의 후광 효과

우리는 얼굴에서 매우 많은 정보를 얻는다. 상대의 나이, 성별, 정서 등은 각각 생존과 생활에 필요한 정보들이라고 할 수 있다. 그중에서 가장 강렬한 인상을 남기는 정보는 아마도 '매력attractiveness'이 아닐까? 매력적인 얼굴을 갖고 있는 사람은 언제나 주위의 관심을 받으며 두각을 나타낸다.

얼굴로 드러나는 매력은 무척 강력하기 때문에 중요한 심리학 연구 주제 중 하나다. 그런데 '매력'은 여러 가지로 해석이 가능한 단어다. '그 사람은 생김새는 별로인데 매력 있어'라는 표현에서도 알 수 있듯이 매력은 외형과 전혀 상관없을 수도 있다.

심리학에서 말하는 '얼굴의 매력'은 보통 생김새의 훌륭함을 의미한다. 흔히 말하는 '잘생겼다'나 '아름답다'에 해당하는 것 말이다. 하지만 '잘생겼다'거나 '아름답다'는 표현은 성별에 따라 다르게 적용되는 단어들이라 연구에서 사용하기에는 적절하지 않다. '호감가는 얼굴'이나 '선호되는 얼굴'이라고 표현할 수도 있겠지만, 호감이나 선호는 판단자의 주관적이거나 정서적인 측면이 강조되기에 그것도 적절하지 않다. 결국 보통 성별에 상관없이 적용할 수 있는 단어를 찾기 위해 고민하던 연구자들은 '매력'이라는 단어를 선택했다. 정확하게는 얼굴의 '신체적 매력physical attractiveness'이라고 한다.

매력적인 얼굴은 사회적 상호작용에서 너무나도 막강한 힘을 갖는다. 미국에서 있었던 일이다. 10대 때부터 나쁜 짓을 일삼던 한 남성이 20대가 되어서 갱단의 일원이 되었다. 그는 2014년 갱단 소탕 작전에서 불법 무기 소지죄로 체포되었고 징역 2년 3개월을 선고받았다. 그리고는 다른 죄수들이 하는 것처럼 '머그샷'*을 찍었다.

우리나라에서는 피의자의 인권을 고려해서 매우 특별한 경우를 제외하고는 머그샷이 일반에 공개되지 않는다. 그런데 미국에서는 머그샷이 심심치 않게 공개된다. 한국이든 미국이든 머그샷은 공익을 위해 공개하는데, 미국은 공익의 범위를 더 넓게 잡는 경

---

* 머그샷(mugshot)은 피의자 사진(police photograph)을 뜻하는 은어다. 죄수가 체포된 후 수사기관이 촬영한 죄수의 프로필 사진이다. 보통 죄수번호를 들고 눈금 달린 배경 앞에서 증명사진처럼 찍는다. 최근에는 흰색 벽 앞에서 찍는 것이 더 일반적이다.

향이 있기 때문이다. 그 남성의 머그샷도 그런 이유로 공개되었다. 그것도 경찰 페이스북에 올라갔다.

그런데 이야기가 전혀 예상하지 못했던 쪽으로 흘러갔다. 위험한 범죄자를 알려서 시민들의 안전을 도모하기 위해 올린 머그샷이 새로운 스타를 만들어낸 것이다. 남자의 머그샷을 본 많은 사람들이 그를 무서워하기보다 그의 매력을 칭송했다. 팬클럽이 만들어졌고 범죄자의 얼굴에 열광했다. 이런 이상 현상이 계속되자 모델 에이전시인 화이트 크로스 매니지먼트가 수감 중이던 이 범죄자와 모델 계약을 맺기까지 했다. 에이전시는 이 범죄자의 머그샷을 프로필 사진으로 공개하면서 '가장 섹시한 범죄자'라는 별명을 붙였다. 이 영화 같은 이야기의 주인공은 현재 미국 슈퍼모델로 맹활약하고 있는 제러미 믹스Jeremy Meeks다.

우리나라에서도 이와 비슷한 일이 있었다. 2003년도에 현상금 5천만 원이 걸린 공개 수배 전단이 전국에 공개됐다. 고속도로 휴게소나 사람들이 많이 오가는 곳곳에 수배 전단지가 붙었다. 그 전단지는 한 여성에 대한 것이었다. 이씨 성을 가진 그 여성은 차를 태워주는 것처럼 피해자를 속인 후 흉기로 위협해 금품과 카드를 빼앗은 강도였다. 그런데 이씨의 외모가 많은 사람들의 관심을 빼앗았다. '얼짱 강도'라는 별명과 함께 인터넷 팬카페가 개설되었고, 한때 6만 명에 달하는 회원이 가입했다. 그 팬카페에는 다음과 같은 문구가 걸려 있었다. "당신은 잘못이 없습니다. 저희가 도와드

릴게요. 힘내세요."

다행히 이씨의 경우 제러미 믹스와 같이 해피엔딩으로 끝나지는 않았다. 이씨는 검거되었고 죗값을 치렀다. 이씨는 그 외모 때문에 자신의 얼굴이 더 알려져서 숨어 지내는 동안 스트레스를 많이 받았다고 하니, '얼짱 강도 신드롬'이 결과적으로는 긍정적인 영향을 끼친 셈이다. 그러나 이 사태는 일명 루키즘lookism이라 불리는 외모지상주의 사회의 단면을 보여주는 것 같은 찜찜한 이야기다.

매력이 높은 얼굴을 가진 사람이 얻을 수 있는 이점은 너무나도 많다. 보통 빼어난 외모를 가진 사람들은 취업이 더 잘되고, 연봉도 높게 받는다. 호주의 경우 연봉이 평균 3,600만 원 정도가 더 높았다는 보고도 있다.[27] 미국 연구 결과에서는 매력이 높은 얼굴을 가진 피의자들이 재판에서 더 유리한 판결을 받았다.[28]

이런 일들은 무의식적으로 발생한다. 판결을 내리는 사람이 "외모가 매력적이니까 유리하게 판결해 줘야지"라고 생각해서 나오는 결과가 아니다. 그저 무의식적으로, 다른 범죄자에 비해 상대적으로 범죄 사실이 가볍다고 판단하는 것이다.

물론 빼어난 외모가 항상 도움이 되는 것만은 아니다. '미녀는 괴로워 효과beauty is beastly effect'도 있는데, 외모가 빼어난 여성 상관에 대한 부하 직원들의 충성도와 신뢰도는 외모가 빼어나지 못한 여성 상관에 비해 낮다고 한다. 주로 남성의 것으로 여겨지는 직업을 가진 여성은 외모 매력이 높을수록 더 능력이 없다는 평가를 받았다고도 한다.

외모가 빼어나서 이점이 있든 피해가 있든, 우리는 외모에 심각하게 영향을 받고 있다. 심리학적으로는 이와 같이 빼어난 외모가 가져오는 효과를 '후광 효과'로 설명한다. 후광 효과는 하나의 두드러진 특징이 그 대상의 전체적인 인상에 영향을 끼치는 현상을 말한다.

후광 효과는 외모에만 국한된 것은 아니다. 가창력이 훌륭한 가수가 인성 또한 좋을 것이라고 생각한다든가, 운동을 아주 잘하는 스포츠 선수가 리더십도 좋을 것이라고 생각하는 것도 후광 효과의 일환이다. 대학교에서도 이런 경향이 있는데, 강의를 잘하는 능력과 연구를 잘하는 능력은 별개이지만, 강의를 잘하는 교수님이 연구도 잘할 것이라고 생각하는 경우가 많다.

외모는 후광 효과를 가장 강력하게 발휘하는 요소다. 빼어난 외모는 그 사람의 다른 모든 면이 다 빼어나고 좋을 것이라고 생각하게 만든다. 그래서 제러미 믹스와 얼짱 강도는 범죄 행위에 대해 우호적인 평가를 받았다.

한 사람의 우수함은 분야마다 정도가 다르다. 나는 시지각을 전공하고, 미술과 관련된 강의도 많이 하고, 미술 작품 관람을 좋아하지만, 그림을 그리는 재주는 전혀 없다. 스포츠를 보는 것은 좋아하지만, 스포츠를 잘하는 편은 아니다. 수학적인 능력은 꽤 있는 편이지만, 언어 능력이 빼어난 편은 아니다. 이렇게 한 사람의 실체를 제대로 파악하는 것은 복잡한 일이다.

　후광 효과는 뇌가 게으르기 때문에 발생한다. 후광 효과를 받아들이면 뇌가 편해진다. 한 사람의 가장 두드러진 우수함이 다른 영역에도 퍼진다고 생각하면 되기 때문이다. 자기 아빠가 모든 것을 다 잘한다고 생각하는 아이처럼, 우리는 하나를 잘하는 사람은 모든 것을 다 잘한다고 생각해 버린다. 그러면 내 뇌가 편해지니까.

　외모의 매력으로 사람을 평가하는 것은 옳지 않다. 하지만 우리는 그 사실을 알아도 외모의 후광 효과를 너무나도 빈번하게 경험한다. 그만큼 매력의 힘은 강력하다. 우리는 지금도 뇌의 편안함에, 게으름에 항복한다. 그래서 우리는 오늘도 외출하기 전에 거울을 보며 외모에 신경을 쓴다. 하지만 동시에 바랄 것이다. 외모에 숨겨져 있는 내 본모습을 봐달라고.

개인의 취향을 넘어서다
매력의 보편성

 신윤복의 〈미인도〉라는 그림이 있다. 볼 때마다 의문이 든다. 정말 미인인가? 아무리 봐도 미인으로 보이지 않는데, 왜 미인도라고 할까? 주위에 이렇게 말하면 보통 이런 답변이 돌아온다. "에이, 제 눈에 안경이지 뭐." 결국 미인은 개인의 취향이라는 이야기다.

 아름다운 사람의 기준은 개인 취향을 넘어 사회와 문화의 영향도 받는다. 신윤복의 〈미인도〉를 설명할 때면 조선 시대에는 저렇게 홑꺼풀에 작고 둥근 얼굴형을 가진 여성이 미인이었다는 말이 뒤따른다. 90년대의 광고나 TV 프로그램을 보면 당시에는 매우 매력적이고 멋져 보였던 의상 스타일이나 머리 스타일, 화장법들이 지금은 너무 어색하고 촌스럽게 보이는 것도 비슷한 이야기일 것이다.

 최근 얼굴 매력의 기준이 서구화되어 간다는 말이 있지만, 그래도 여전히 문화권별로 미남, 미녀상은 다르다. 어떤 문화권에서는 야성미가 넘치는 남성이 매력적인 사람이라며 인기가 좋지만, 또 어떤 문화권에서는 섬세하고 가정적인 남성이 매력적인 사람으로 받아들여지기도 한다. 가끔 다른 사회와 접촉이 활발하지 않은 부족들이 가지고 있는 매우 색다른 미인상을 접할 때도 있다. 예를 들면 미얀마의 파다웅족은 목이 길수록 미인이라고 생각해서 목에 여러 개의 목걸이를 채워 목을 길게 만든다고 한다. 이렇듯 얼굴의 매력이란 '제 눈에 안경'이라는 말처럼 객관적이고 보편적인 기준이 있다기보다는 주관에 따라 결정되는 듯이 보인다.

"박보검과 차은우 중에서 누가 더 잘생긴 것 같아?" "김태희와 송혜교 중에서 누가 더 예쁜 것 같아?" 2000년대에 지겹도록 듣고 대답했던 질문이다. 사람들은 최고의 미남, 미녀가 누구인지 관심이 많다. 매력이 높고 낮은 것이 스포츠 경기 종목도 아니지만, 우리는 그래도 1등을 확인하고 싶어 한다. 시대가 흐른 요즘도 저 질문은 계속된다. 단지 그 사람이 바뀌었을 뿐이다. "박보검과 송강 중에서 누가 더 잘생긴 것 같아?" "차은우와 뷔 중에서 누가 더 잘생긴 것 같아?" 정답은 쉽게 얻어지지 않는다. 취향에 따라 다른 사람 이름이 나올 뿐이다.

질문을 조금 바꿔보자. "차은우와 최훈 중에서 누가 더 잘생긴 것 같아?" 이렇게 잔인하고 쉬운 질문이 있을까? 그렇다! 여러분이 생각한 그 답이 정답이다. 간혹 '최훈'이라고 답하는, 너그럽고 측은지심을 가진 사람이 있을지도 모르겠다. 하지만 아무리 제 눈에 안경이래도, 차은우와 최훈의 얼굴 매력도의 차이가 상쇄될 수 있을까?

심리학에서도 전통적으로 매력은 개인의 경험과 문화적 요인의 영향을 크게 받는 영역으로 여겨졌다. 그래서 매력 지각은 사회 및 문화 심리학 분야에서 주로 다루었다. 그런데 일부 연구자들이 개인의 취향을 뛰어넘는 절대적인 매력에 대해 관심을 기울이기 시작했다. 매력이 생각보다 보편적인 속성이 강하다는 것이다.

연구자들은 얼굴의 매력을 평가하는 데 개인의 취향과 문화적 요소가 얼마나 강하게 영향을 끼치는지를 확인해 보았다. 결과는 예상과 달랐다. 서로 다른 문화권에 속한 사람들이 평가한 얼굴 매력이 놀랄 만큼 높은 일치율을 보였던 것이다.[29] 생각보다 문화의 영향이 크지 않았다. 한국에서 매력적이라고 말해지는 사람이, 미국이나 브라질에서도 매력적인 외모라고 평가받는 것이다.

보편적 매력이 있다는 더 결정적인 증거는 아기를 대상으로 한 연구들에서 나왔다. 아기들은 시력이 아직 발달되지 않아서 세상을 흐릿하게 본다. 그럼에도 불구하고 갓난아기는 사람 얼굴을 보는 것을 좋아한다. 심지어 진짜 사람 얼굴이 아니더라도 사람 얼굴 형태를 한 물건들을 더 좋아한다. 뒤쪽 그림을 보라. 사람 얼굴이 아니지만 아기들은 위쪽 부분에 블록들이 모여 있는 왼쪽 형태를 더 좋아한다. 사람의 눈, 코, 입과 유사하기 때문이다. 사람 얼굴을 탐지하는 것이 중요하기에 아기들도 얼굴에 집중하는 능력을 타고 나는

아기들은 얼굴과 유사한 왼쪽 형태들을 좋아한다.

것으로 보인다.[30]

아기들은 주양육자의 얼굴에 무척이나 잘 반응한다. 양육자의 모습을 학습하는 데 감각 기관을 총동원하기 때문에 시력이 좋지 않아도 하루면 충분하다. 심지어 머리 모양을 바꾸어도 약간의 시간이 걸리지만 알아차릴 수 있다. 평균적으로 남편이 부인의 변화를 알아차리는 시간보다는 짧다고 한다.

아기들은 시선에도 민감하다. 일단 눈을 감은 사람보다는 눈을 뜨고 있는 사람을 선호한다. 아기를 봐준다고 해놓고 옆에서 낮잠 자는 사람에게는 관심을 두지 않는다는 이야기다. 앞에 있는 사람이 자신을 바라보고 있는지, 아닌지도 쉽게 구분한다. 우리는 기본적으로 시선을 통한 의사소통에 능하고, 아이들도 시선을 파악하는 능력을 타고난다.

이렇게 사람 얼굴을 좋아하는 아기들이 특별히 더 좋아하는 얼굴이 있다. 물론 자신을 항상 바라보고 있는 양육자의 얼굴을 가장 좋아할 것이다. 그다음으로 특히 더 관심을 보이고, 더 좋아하는 얼굴은 바로 매력적이라고 여겨지는 얼굴들이다. 성인들의 기준에서 외모가 매력적인 얼굴을 아기들도 좋아한다는 이야기다. 이런 성향은 문화권에 따라 다르지 않다.

문화와 교육, 사회화의 영향을 받지 않은 아기들에게 미적 기준이 있고, 그 기준이 성인과 유사하다는 연구 결과는 얼굴 매력의 평가가 주관적인 영역에만 머무르지 않는다는 것을 의미한다. 차은우와 뷔 중에 더 매력적인 사람을 고를 때 사람들의 선택이 달라지는 것은, 비교 대상들이 비슷한 수준의 매력을 가지고 있기 때문이다. 즉 '차은우'와 '뷔'는 얼굴 매력 영역에서는 상위 0.00000001%안에 들어가는 매우 유사한 수준의 매력남들이기 때문에 개인에 따른 선호가 차이가 날 뿐이다. '차은우'와 '최훈'처럼 매력 차이가 크게 나는 얼굴에서는 취향과 선호에 따른 차이가 거의 존재하지 않는다는 것이다.

얼굴 매력에 보편적 기준이 있다는 말은 우리를 불편하게 한다. 하지만 얼굴 매력에 보편성이 있다는 게, 우리가 모두 모두가 같은 기준으로 얼굴 매력을 판단한다는 말은 아니다. 얼굴 매력의 주관적 측면을 부정하는 사람은 없다. 대부분 주관적인 기준으로 판단을 하는데, 보편적으로 적용 가능한 몇 가지 기준들도 있다는 의미다. 그러니 마음의 불편함은 잠시 내려놓고, 그 보편적인 기준이 무엇인지 알아보기로 하자.

아름다움을 만들어내는 비율을 찾아서
대칭성의 매력

얼굴 매력에 보편적인 기준이 있다는 주장은 필연적으로 다음 단계의 연구를 불러 일으켰다. 도대체 무엇이 보편적인 기준인가? 수많은 연구자가 모든 사람들이 받아들일 수 있는 매력의 기준을 발견하기 위해 노력을 기울였다.

먼 옛날부터 전승되어 온 유명한 매력의 법칙이 있긴 하다. 바로 황금비율이다. 황금비율은 인간이 보았을 때 가장 아름답고 안정적이라고 느끼는 비율로 1:1.618033988…이라고 한다. 짧은 변을 A, 긴 변을 B라고 하면, A+B:B=B:A가 되는 경우다. 1:1.618 혹은 5:8이라고 생각하면 된다.

황금비율 예찬론자들은 수많은 건축물과 예술품이 이 비율에 맞춰져 있다고 주장한다. 그리스 아테네의 파르테논 신전도 황금비율의 법칙을 따르고, 밀로의 비너스나 미켈란젤로의 다비드상에도 황금비율이 적용된다고 한다. 두 조각상을 살펴보면, 배꼽을 중심으로 상반신과 하반신의 비율이 1:1.618이라고 한다. 우리가 매일 사용하는 신용카드도 짧은 변과 긴 변의 길이가 1:1.618로 황금비율을 따른다.

 황금비율 이야기를 꺼낸 건, 이 황금비율이 적용된 얼굴에 보편적인 매력이 있다는 주장 때문이다. 이목구비가 황금비율에 맞게 배치되어 있다면 매력적이라는 이야기다. 이 주장에 따르면 눈을 기준으로 눈 윗부분과 아랫 부분의 비율이 1:1.618이라면 얼굴이 더 매력적이다.

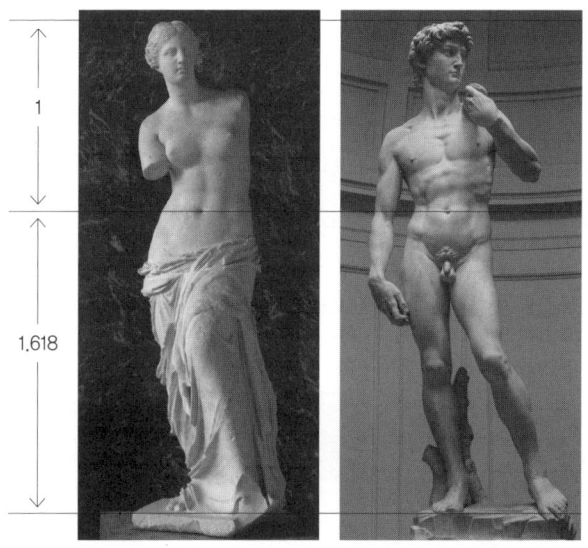

밀로의 비너스(좌)와 다비드상(우)

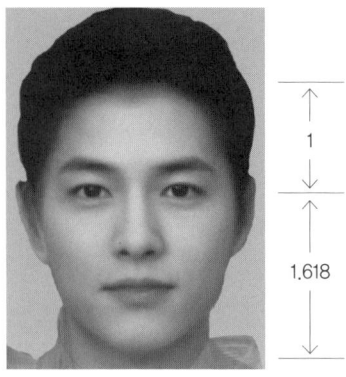

　황금비율의 법칙을 매력 지각에 관한 이론들에 적용해 보면, 상당히 일리가 있는 부분도 있다. 앞서 우리는 얼굴 정보를 부위별로 따로 처리하지 않고, 요소들의 배열을 보고 전역적으로 처리한다고 했다. 얼굴 매력도 당연히 전역적으로 처리한다. 얼굴의 눈, 코, 입이 매력적이라고 해서 얼굴 전체가 매력적으로 느껴지지는 않는다. 얼굴 부위 하나하나의 모양보다 그 요소의 배열이 얼굴 매력에 영향을 더 많이 끼친다. 그렇다면 이 배열이 황금비율에 맞춰져 있다면 더 매력적일 것이라는 주장에도 설득력이 있다.

　하지만 이 황금비율 자체에 의구심을 품은 연구자들이 많다. 황금비율은 환상일 뿐이라는 것이다. 황금비율에는 근거가 없다. 황금비율에 따라 만들었다는 건축물이나 예술품을 정밀하게 측정해 보면 황금비율에 맞지 않는다. 파르테논 신전의 경우에도 부분적으로는 황금비율을 따르는 경우가 발견되기는 하지만, 신전의 높이와 넓이 등을 측정하면 황금비율이 아니다. 비너스상과 다비드상의 경우도 마찬가지다. 다비드상은 미술계에서 유명한 '머리 큰 아이'*다. 얼굴이 신체에 비해서 유난히 크니, 애초부터 황금비율에 맞춰진 조각상은 아니었던 것이었다. 현재 많은 연구자들은 황금비율에 의미가 없다는 결론을 내리고 있다.

심리학자들은 보편적인 얼굴 매력의 기준을 찾기 위해 많은 노력을 기울였다. 황금비율처럼 근거 없는 것 말고 다른 것들을 말이다. 그렇게 찾은 대표적인 요소 중에 하나가 바로 '대칭성'이다.

"좌우 대칭인 얼굴이 매력적이다"라는 말을 아마도 흔하게 들어봤을 것이다. 그냥 생각해 봐도 양쪽이 정확하게 대칭일 때가 비대칭인 것보다 좋아 보일 것 같다. 동그라미를 하나 그려도 삐뚤어진 동그라미보다는 완벽하게 균형이 맞는 원이 더 아름답지 않은가.

앞에서 우리 얼굴은 좌, 우가 조금씩 다르게 생겼고 보통 왼쪽 얼굴이 더 매력적이라고 말했다. 그렇다면 매력적인 왼쪽 얼굴이 양쪽으로 대칭을 이루고 있다면 더 매력도가 올라가지 않을까?

영국 심리학자 데이비드 페렛David Perrett은 얼굴 매력에 대한 연구를 여럿 진행했는데, 이 궁금증도 직접 확인했다.[31] 페렛이 실험했던 방식대로 내 얼굴의 대칭 정도를 조작해 보았다. 자, 어떤 얼굴

---

* 다비드상은 원래 성당의 높은 곳에 위치할 예정으로 제작되어 있어서, 아래에서 올려다보는 사람들이 잘 볼 수 있도록 얼굴을 크게 만들었다.

이 더 매력적으로 보이는가?

 오른쪽에 있는 사진이 원래 얼굴이고, 왼쪽 사진이 내 왼쪽 얼굴을 대칭시킨 얼굴이다. 많이들 왼쪽을 택했을 것이다. 페렛의 실험 결과에서도 대칭 얼굴이 더 매력적으로 지각되었다. 흥미로운 점은 사람들이 대칭 얼굴을 더 매력적으로 지각했지만, 해당 얼굴이 좌우 대칭인지는 알아차리지 못했다는 것이다.

 페렛의 연구에 따르면 우리는 좌우 대칭인 얼굴을 더 매력적으로 지각한다. 그런데 여러분은 이 결과에 동의하는가? 위의 왼쪽 사진을 다시 보자. 좌우가 완벽하게 대칭이다. 그런데 최훈의 완벽한 좌우 대칭 얼굴이 비대칭인 박보검, 차은우, 원빈보다 더 매력적인가? 얼굴 좌우가 완벽하게 대칭을 이루는 사람은 거의 없다. 대칭성이 보편적인 매력의 기준이라면 완벽한 대칭에 맞춰 컴퓨터로 조작한 이 얼굴이 더 매력적이어야 하는 것 아닐까? 경험상 좌우가 비대칭이어도 매력이 넘치는 얼굴들을 접하다 보니, 정말 대칭이라는 요소가 얼굴 매력을 높이는지 고개를 갸웃하게 된다.

사실 페렛의 연구 이전에는 비대칭적인 얼굴이 더 매력적이라는 연구가 많았다.* 비대칭인 얼굴이 대칭인 얼굴에 비해서 기억에 오래 남는다는 연구 결과도 존재한다.[32] 그래서 대칭인 얼굴은 지금 매력적인 얼굴이고, 비대칭인 얼굴은 내일 매력적인 얼굴이라는 말도 있다.

하지만 이와 같은 매력 요인들을 분석할 때는 '다른 모든 요소가 동일하다'는 전제로 접근해야 한다. '다른 모든 요소가 동일하다면' 비대칭적인 얼굴보다 대칭적인 얼굴이 더 매력적으로 지각된다는 것이다. 대칭으로 만든 내 얼굴과 타인의 얼굴을 비교하는 것은 무의미하지만, 대칭으로 만든 내 얼굴과 비대칭인 내 얼굴을 비교한다면 그 전보다 더 매력적인 얼굴이 될 수 있다는 것이다. 대칭으로 만든 박보검의 얼굴이 비대칭인 박보검의 얼굴보다는 매력적으로 인지될 확률이 높다는 이야기다.

우리는 화장을 할 때 좌우 균형을 맞추려고 노력한다. 눈썹을 그리거나 입술을 칠할 때 굳이 좌우를 다르게 그리는 사람은 없다. 오히려 비대칭한 눈썹을 깎거나 모양을 잡아 그려서 균형을 맞추려고 노력한다. 모두들 무의식중에 알고 있는 것이다. 비대칭보다

---

* 페렛은 이 연구 결과가 좌우 대칭인 얼굴 자극을 제대로 만들지 못하고, 어색하게 만들었기 때문이라고 주장했다.

는 대칭이 매력적이라는 걸. 대칭적이라고 다 매력적인 얼굴은 아니겠지만, 내 얼굴을 대칭으로 연출한다면 분명히 당신의 매력이 한 단계 높아질 것이다.

중간이 가장 좋은 겁니다
평균의 매력

친구가 내게 소개팅을 시켜주겠다며 굳이 이상형을 물어본다. 달리 이상형도 없어서 "평범한 사람"이라고 답했다. 그랬더니 친구가 쏘아붙인다.

"야! 평범한 게 제일 어려운 거야!"

최근 얼굴의 중요성이 날로 더해지면서 각자의 얼굴을 소중히 여기려는 노력들이 많은데, 그중 하나가 초상권이다. 이렇게 스스로의 얼굴을 중요하게 여기는 것은 물론 가치 있는 일이지만, 얼굴에 관한 책을 쓰는 나에게는 매우 큰 장애물로 다가온다. 사진 한 장 제대로 쓰기가 어려우니. 그러던 와중에 초상권의 문제가 없는 너무나도 매력적인 얼굴들을 발견했다.

자, 앞에서도 소개했던 지구 최강의 미남, 미녀인 최무남과 최지아다.

최무남(좌)과 최지아(우)

두 사람의 얼굴이 마음에 드는가? 아마도 대부분의 사람들은 내 소개말에 고개를 갸웃했을 것이다. 매력적으로 보일 수 있기는 한데, 지구 최강의 미남, 미녀라고?

최지아는 내가 일하고 있는 대학교의 대학원생이다. 정확하게는 '대학원생들'이라 하는 게 맞겠다. 대학원생 여섯 명의 얼굴을 하나로 합성한 결과물이 최지아다. 최지아라는 이름도 '최씨네 지각방(지각 심리학 연구실) 아이들'의 줄임말이다.

그래도 최지아는 실제로 존재하는 사람들의 얼굴을 합성했으니, 나름 족보가 있는 얼굴이다. 최무남은 그것도 아니다. 최무남은 인공지능이 만든 얼굴들을 합성한 것이다. 이름처럼 세상에 없는 남자다. 최근에는 인공지능이 지구상에 없는 얼굴들을 만들어준다. 최무남은 인공지능이 만든 얼굴 여섯 개를 다시 합성한 2차 가상 인물이라고 할 수 있을 것이다.

그런데 흥미로운 점이 있다. 여섯 명의 얼굴을 합친 최무남과 최

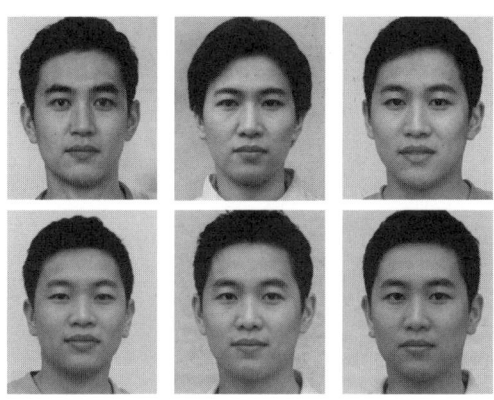

최무남의 원본들

지아가 원본 사진들보다 훨씬 더 매력적으로 보인다는 것이다(연구실 학생들에게 미안한 말이지만). 왜 여러 명의 사진을 하나로 합성하면 더 매력적으로 보일까?

과거 영국에 프랜시스 골튼Francis Galton이라는 사람이 있었다. 이 사람은 범죄자의 전형적인 얼굴이 존재하는지를 확인하고 싶어했다. 그는 범죄자들의 얼굴을 하나로 합치면 전형적인 범죄자상이 나올 것이라고 가정하고 합성을 시도했다. 그런데 막상 범죄자들의 얼굴을 합성하니 예상했던 험악한 범죄자상이 나오기는커녕, 너무나도 멀끔하고 상당히 매력적인 얼굴이 나왔다. 보다 많은 얼굴 사진을 합성할수록 그 얼굴은 더욱 더 매력적이 되었다. 프랜시스 골튼의 가설이 틀린 것이다.

100여 년 뒤 보다 체계적인 실험을 통해 골튼의 실험 결과가

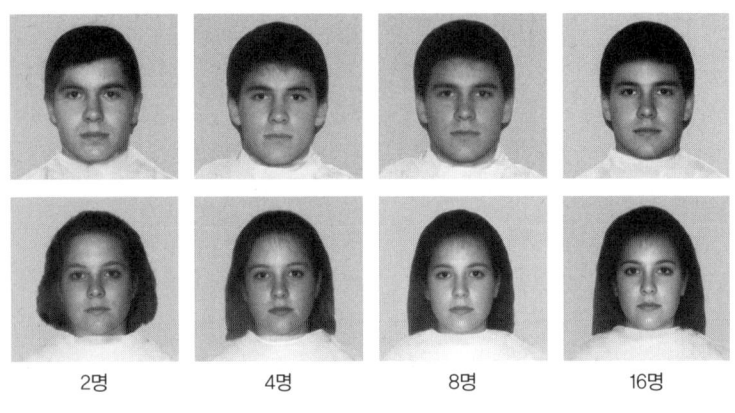

| 2명 | 4명 | 8명 | 16명 |

합성 얼굴들[33]

다시 확인되었다. 주디스 랑글루아Judith Langlois와 로리 로그먼Lori Roggman은 1990년에 각각 2명, 4명, 8명, 16명의 얼굴 사진을 합성해서 그 얼굴들의 대한 매력도를 평가했다.

실험 참가자들은 더 많은 사람의 얼굴을 합성한 얼굴일수록 더 매력적이라고 보고했다. 성별과 상관없이 그런 결과가 나왔다. 보다 많은 사람의 얼굴을 합성한다는 것은 인류의 평균적인 얼굴에 가까워진다는 이야기일 것이다. 연구자들은 평균적인 얼굴일수록 사람들이 더 매력적으로 지각한다고 결론 내렸다.[34]

그러면 정말 최무남이 지구 최강의 미남일까? 100명, 200명의 얼굴을 합성해서 무남이를 만든다면 여섯 명으로 만든 것보다 더 멋있어질 것이다. 그렇다면 만약 지구에 있는 모든 사람의 얼굴을 합성하면, 그래서 정말 지구의 가장 평균적인 얼굴을 구한다면, 정말 지구 최강의 미남이 나올까?

이즈음 해서 무남이의 라이벌을 소개한다. 앞서 몇 번 본 우리 책 대표 미남인 최극남이다.

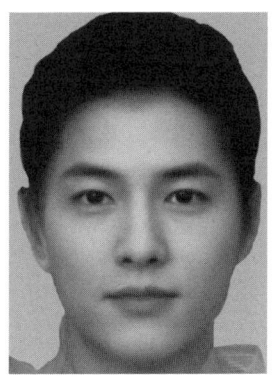

극남이 얼굴에 대한 여러분의 평가를 듣고 싶다. 아마도 대다수의 사람들은 무남이보다는 극남이가 더 매력적이라고 생각할 것이다. 극남이는 어떻게 만들었을까? 합성한 사람 수가 더 많을까? 사실 극남이도 얼굴 여섯 개를 합성한 인물이다. 그런데 왜 극남이는 무남이보다 더 잘생겼을까?

그 답은 극남이의 얼굴 기반이 된 여섯 명에게 있다. 극남이는 한국 대표 미남 배우 여섯 명의 얼굴을 합성한 인물이다. 누구의 얼굴이 들어갔는지 보이는가? "미남을 합성했으니 미남이 나오겠지, 반칙 아니야?"라고 생각할지도 모르겠다.

평균적인 얼굴이 가장 매력적이라는 주장의 모순이 여기서 드러난다. 동일한 인원 수의 얼굴을 합성했을 때 극남이가 미남이보다 잘생긴 것처럼, 결국 개별적으로 높은 매력을 갖는 얼굴들을 모았을 때가 더 매력적이다. 그런데 '평균'이라는 개념을 생각해 보면, 극남이가 인류의 평균적인 얼굴에 가까울까, 미남이가 더 가까울까? 가장 평균적인 얼굴은 특출 나게 높은 매력도를 가진 얼굴이 아니라 평범한 수준의 매력을 가진 얼굴이지 않을까?

여러 얼굴을 합성한 얼굴을 평균적인 얼굴이라고 보아야 하는지에 대해서는 논란이 있다. 또한 합성한 얼굴이 더 매력적인 건 합성 과정에서 피부가 깨끗해지고, 좌우 대칭에 가까워지기 때문이라는 반박도 있다.

그래도 평균적인 얼굴이 매력적으로 지각된다는 사실은 평범하게 생긴 나에게는 큰 위로가 된다. 아, 여러분은 빼어난 외모를 가지고 있어서 해당이 안 되는 이야기일 수도 있다.

사랑해서 닮는다 vs. 닮아서 사랑한다
유사성의 효과

 술자리에서 이야기를 하다 보면 가끔 이런 질문이 나온다. 당신은 자신과 닮은 사람에게 매력을 느끼는가, 아니면 자신과 다른 사람에게 매력을 느끼는가? 많은 이들이 술자리에서 자신과 다른 사람에게 매력을 느낀다고 답한다.
 얼핏 생각하기에는 나와 다른 점이 많은 사람과 함께 살아간다는 게 좋아 보인다. 서로의 단점을 보완해 주는 관계라니, 효율적이고 안정적일 것 같다. 우리 부부만 봐도 그런 점이 있다. 아내는 매사에 신중하고 고민을 많이 하는 편이지만, 나는 선택이 매우 빠르다. 나의 빠른 선택으로 효율을 높이고, 신중한 와이프가 제동을 걸면서 우리는 더 합리적인 선택을 한다.
 그런데 막상 연구 데이터들을 보면 나와 다른 사람보다는 비슷한 사람에게 매력을 더 느낀다는 결과가 대부분이다. 소개팅 자리에서 상대방의 행동을 티 나지 않게 따라 하면 호감이 올라간다는 연애 팁이 인터넷에 돌아다니는데, 실제로 태도나 성격이 유사할수록 더 호감을 느낀다는 연구 결과들이 있다.[35] 실제 부부 관계도 조사해 보면 서로 의견이나 의사소통 방법이 유사할 때 부부 생활의 만족도가 높다고 한다.[36]

서로 비슷한 점이 많을수록 소통이 효율적으로 이루어지고 서로를 더 쉽게 이해할 수 있기에, 유사함은 관계 유지에 큰 도움이 된다. 더 나아가 비슷한 사람들과의 상호작용은 사회적 소속감을 강화한다. 공동체 생활을 하는 인간에게 내 편과 남의 편을 구분하는 것은 본능적인 행위인데, 우리는 타인과 공통점을 공유함으로써 집단에 소속감을 느낀다. 모두가 빨간 옷을 입고 "대~한민국!"을 외치고 있으면 나도 집에 뛰어 들어가 빨간 양말이라도 신고 나가야 할 것 같은 압박을 느끼지 않는가.

수업 시간에 이 이야기를 했더니, 한 학생이 반론을 펼쳤다. 자신은 프로야구 LG 트윈스의 팬이고 연인은 두산 베어즈의 팬인데, 같은 팀을 응원하는 것보다 다른 팀을 응원하자 야구 보는 재미가 배가 됐다는 것이다. 두 팀은 프로야구에서 대표적인 라이벌 팀이다. 그런데 이 반론에는 큰 오류가 있다. 그 학생은 좋아하는 팀이 서로 다르다는 것에 주목했지만, 크게 보면 그건 매우 작은 차이에 지나지 않는다. 그 커플은 수많은 취미 중에서도 스포츠 경기 시청을 취미로 공유하고 있으며, 그중에서도 한국 프로야구를 좋아한다. 따라서 이 커플의 경우는 차이점이 많은 커플이라기보다는 공통점이 많은 커플인 셈이다.

이렇듯 나와 비슷한 사람에게 호감을 느끼는 것은 일반적이다. 그렇다면 얼굴 생김새에서도 이와 같은 법칙이 유효할까? 이는 명확하게 말하기 힘들다. 연구 결과를 보면 반반이다.

자신과 닮은 이성을 매력적으로 보지 않는다고 보고한 연구들이 꽤 있다. 한 연구에서는 얼굴이 비슷할수록 신뢰도는 높아지고, 성적 매력, 특히 단기적 관계에서의 성적 매력도는 떨어진다는 결과를 보고했다.[37] 이 연구자들은 생김새의 유사성이 친족 신호로 여겨진다는 가설을 세웠다. 나와 가장 비슷하게 생긴 사람이 누구겠는가? 혈연인 가족과 친척들이다.

친족 및 가족으로 인지된 경우에 성적 매력이 떨어진다는 연구들은 꽤 있다. 크게 두 가지로 설명한다. 하나는 근친혼이 금기시되는 사회 배경에서 가족에 대한 성적 애정이 무의식적으로 압박되도록 사회적으로 학습한다는 설명이다. 다른 하나는 유전병이나 돌연변이 발생 등 근친혼이 유전적으로 좋을 게 없기 때문에 유전적으로 가까운 인물에게 매력을 느끼지 못하도록 뇌가 세팅되어 있다는 설명이다. 이 내용은 직접적으로 검증이 불가능한 영역이라, 그냥 가설로 남아 있다. 어떤 이유든 친족 간에 이성적인 매력이 떨어지는 것은 어쩔 수 없지 않을까? 김태희 배우의 남동생도 누나가 예쁜지 몰랐다고 할 정도니 말이다.

반대로 나와 닮은 이성을 매력적이라고 생각한다는 연구 결과들도 있다. 그런데 이런 연구들은 자세히 읽어보면 연구 신뢰도에 의심을 품게 된다. 나와 비슷할수록 매력이 높아진다는 결과를 보고한 한 연구는[38] 단순 노출 효과에 초점을 맞추고 있다. 즉 많이 노출된, 많이 경험한 얼굴일수록 친밀감이 생겨서, 더 매력적으로 지각한다고 설명하는 것이다. 노출 효과에 대한 부분은 맞는 말이긴 한데, 내가 내 얼굴을 스스로 많이 봐서 나와 닮은 사람들을 더 매력적으로 지각하는 것인지, 아니면 나를 많이 닮은 가족들의 얼굴을 많이 봐서 나와 닮은 사람들을 더 매력적으로 지각하는 것인지가 명확하지 않다.

어느 쪽으로 설명하든 나와 닮은 사람을 더 매력적으로 지각한다는 점에는 변함이 없어 보일지도 모른다. 그러나 큰 차이가 있다. 가족들과 내 얼굴이 많이 닮은 경우가 대부분이겠지만, 꼭 그러리라는 법은 없지 않은가? 내가 우리 가족과 전혀 닮은 점이 없는 얼굴이라면, 나와 닮은 얼굴에 대한 매력도는 높지 않을 수 있다. 또한 내 얼굴은 내가 직접 볼 수 없는 유일한 자극이다. 우리는 거울이나 사진 등의 다른 매체를 통해, 거기에 자아를 반영하는 마음까지 더한 왜곡된 형태로 자신의 얼굴을 경험하게 된다. 그렇다면 내 얼굴에 익숙해서 나와 닮은 사람에게 더 친숙하다는 전제가 맞다고 볼 수 있을까?

또 다른 연구도 이와 마찬가지로 본인(정확하게는 가족)과 닮은 얼굴에 높은 매력을 느낀다고 보고했다.[39] 하지만 이 연구자들은 유사성의 효과보다는 앞에서 언급했던 평균성의 효과로 해석했다.

그래서 우리는 나와 다른 얼굴, 나와 비슷한 얼굴 중 어느 쪽에 매력을 느낀다는 걸까? 다양한 연구들이 모두 다른 결과들을 보여주기 때문에 성급히 결론을 내리기 힘들다. 여기서 흥미로운 자료를 참고해 보자. 실제 부부들은 닮았을까, 안 닮았을까?

한 연구에서는 부부들이 얼마나 닮았는지를 검증해 보았다.[40] 이 연구에서는 무작위로 짝지어진 비슷한 연령의 두 남녀 사진과 실제 부부 사진을 비교했다. 그리고 부부 사이에 더 높은 수준의 얼굴 유사성이 관찰되었다. 부부의 얼굴이 더 닮은 것이다. 연구자들은 친숙도가 매력 지각에 영향을 끼친 것으로 봤다. 닮은 사람에게 더 매력을 느껴 결혼까지 했다는 것이다.

그런데 여기서 짚고 넘어가야 할 점이 있다. 위의 연구 결과는 부부들이 서로 닮았다는 말이지, 닮은 사람을 더 매력적으로 지각했다는 점을 직접적으로 보이지 않는다. 흔히들 "부부는 서로 닮아간다"라고 하지 않는가? 닮은 사람을 더 매력적으로 지각해서 결혼에 이르는 것인지, 닮지 않았던 사람이 결혼한 이후에 닮아간 건지 모르는 셈이다. 실제로 위의 연구에서는 나이가 많아질수록 부부 간의 얼굴 유사성이 높아진다는 결과가 나왔다. 그렇다면 함께 살다 보면 서로 닮아가서 부부 간의 얼굴 유사성이 높아진다는 설명이 더 적절하지 않을까?

부부가 서로 닮아간다는 표현은 경험적으로 옳은 것처럼 느껴진다. 근거도 있다. 부부는 먹는 음식을 포함한 생활 패턴이 비슷해진다. 남편이 싫어도 아내의 강권으로 함께 절제된 건강식을 먹고 꾸준히 야외 운동을 즐긴다면 둘 다 그을린 피부에 근육질의 몸을 가지게 되지 않겠는가? 서로의 얼굴을 지속적으로 보니 알게 모르게 표정 짓는 법을 배우게 될 수도 있다. 표정이 비슷하면 얼굴도 더 비슷하게 보이니, 진짜로 부부는 서로 닮아갈 수 있겠다.

이 같은 설명을 지지하는 연구 결과들도 여럿 있다. 어떤 연구에서는 25년 이상 결혼 생활을 한 부부들이 결혼 초기에 비해 얼굴 유사성이 더 높았으며, 얼굴 유사성이 더 높은 부부일수록 결혼 만족도가 높다고 보고했다.[41] 또 다른 연구는 부부 생활을 오래할수록 얼굴 유사성과 함께 성격 유사성도 증가한다고 했다.[42] 따라서 부부들은 함께 생활하면서 서로 영향을 주고받으며, 성격과 얼굴이 서로 닮아간다고 이야기할 수 있겠다.

하지만 이와 다르게 이야기하는 사람들도 있다. 얼굴이 닮아가는 것은 부부라서 그런 것이 아니라, 단순하게 나이가 들기 때문이라는 주장이다. 나이가 들면 얼굴의 피하지방이 줄어들고 피부의 탄성도 떨어져 얼굴의 요소들이 전반적으로 쳐지는 현상이 발생한다. 이 때문에 노화가 진행될수록 얼굴의 특성이 약해진다.[43] 그 결과 모든 노인들의 유사성이 증가한다. 그런데 부부는 한 집단으로 묶어 지각되기 때문에 부부가 더 닮아 보인다.

그래서 결국 답이 뭘까? 사실 나도 잘 모른다. 확실한 것은, 부부는 얼굴이 서로 닮은 경우가 많고, 그럴수록 결혼 생활 만족도가 높다는 점이다. 서로 닮아갈 수도 있고, 처음부터 닮았을 수도 있다. 개인적으로는 닮은 사람에게 더 끌린다는 쪽에 한 표 던지겠다.

닮아서 끌렸든 달라서 끌렸든 어느 부부나 행복한 삶을 꿈꿀 것이다. 서로 사랑하고 배려하려고 노력하는 태도가 닮을수록 더 행복해지고, 닮아가지 않을까 생각해 본다.

찬란한 젊음의 아름다움
젊음과 노화

때는 1992년. 만 19세인 대학 1년생의 음주가 불법이던 시절이다. 신입생의 패기로 이 정도의 불법은 낭만이라며 친구들과 기분 좋게 한잔하고 술집을 나오던 그 순간, 너무나도 정의롭게 생긴 경찰관과 눈이 마주쳤다. 서로 쎄한 기분을 느끼며 멈칫했다. 경찰관이 다가오며 신분증을 요구하던 순간, 다급했던 친구 한 명이 눈물을 터뜨렸다. 모두가 당황하던 그때 경찰관이 갑자기 나를 보더니 화를 냈다.

"아니 선배라는 사람이 후배들에게 술을 먹이면 어떻게 합니까?"

응? 저도 신입… 말을 삼키고 노안으로 낳아주신 부모님께 잠시 감사의 인사를 드렸다.

얼굴에 있는 정보 중 하나가 바로 연령, 즉 나이다. 정확하지는 않아도 대강의 나이를 어림하는 데는 부족함이 없다. 나이는 사회적 상호작용에서 매우 중요한 역할을 하는 정보이다. 나이에 따라 상대를 다르게 대하는 문화가 있는, 툭 하면 "민증 까"를 남발하는 우리나라에서는 더 말할 필요가 없다. 그런데 우리는 실제 나이를 속이고 싶어 한다. 얼굴의 매력과 큰 연관이 있기 때문이다.

'동안' 열풍. 최근의 동안 열풍은 과거와는 조금 다른 양상을 보인다고 한다. 과거에는 '실제 나이보다 어리게 생긴' 모습을 '동안'이라고 했다면, 최근에는 '젊은이의 얼굴'을 '동안'이라 일컫는 경향이 있다. 과학의 발달로 평균 수명은 늘어났고, 생애 주기도 길어졌으며, 우리는 젊게 살아야 한다. 과거에는 20대에 결혼을 하고, 30대에 후속 세대를 낳아, 60대에는 노인으로서 살아갔다면, 최근에는 60대도 청년처럼 삶기를 강요당하고 있다. 어찌 보면 동안을 강요받고 있는지도 모른다.

물론 젊어 보이려는 노력은 그 자체로도 의미가 있다. 젊어진다는 것은 죽음으로부터 멀어지진다는 것과 일맥상통하기 때문이다. 죽음은 두려움이다. 태어나 죽음에 이르는 과정은 인간으로서는 피해갈 수 없는 자연적 법칙이지만, 죽음은 자신과 관련된 모든 것과의 단절을 의미한다. 죽음에 도달하고 있음을 스스로 확인하는 것은 더 큰 공포로 다가온다. "보는 것이 믿는 것이다"라는 말처럼 스스로의 노화를 가시적으로 확인하지 않는다면 늙어감에 대한 인식도 약해진다. 노화가 얼굴에 드러나면, 이는 죽음에 가까워진 자신의 상황을 인식하는 단서가 된다. 그러니 우리는 거울 속의 내 얼굴이 젊어 보이기를 원한다.

매력이라는 측면에서도 동안이 가지고 있는 이점을 무시할 수 없다. 젊어 보이는 얼굴은 늙어 보이는 얼굴에 비해서 더 매력적이라고 지각된다. 특히 여성의 경우 그 정도가 극명하게 드러난다. 많은 연구에서 동안 여성에게 높은 매력도가 지각된다는 결과를 보여주었다.[44] 심지어 어린이들도 자신들과 연령이 비슷해 보여서인지는 모르겠지만 동안 여성을 더 매력적이라고 지각한다는 연구 결과가 있고[45], 미국 법정에서는 동안 여성이 조금 더 너그러운 판결을 받는다는 연구 결과도 있다.[46] 동안 여성들이 더 친절하고 신뢰할 만해 보인다고까지 한다.

그렇다면 왜 여성은 얼굴이 동안일 때 더 매력적으로 지각될까? 주로 동안이 건강과 관련되어 있기 때문이라고 설명한다. 동안인 사람들은 더 젊다고 간주되고, 젊음은 더 건강할 가능성이 높다고 인식된다. 건강은 성적인 매력과 매우 깊은 관계에 있다. 뒤에서 더 자세하게 기술하겠지만, 진화심리학에서는 모든 인간의 행동과 마음을 생존과 번식이라는 두 가지 키워드로 해석하는데, 건강한 배우자는 2세의 출산 및 육아에 더 장점이 있어서 더 매력적으로 보인다는 것이다.

어떤 연구자들은 '성적 이형성'에 초점을 맞추어 설명한다. 성적 이형성이란 성별이 명확하게 지각되는 것을 말한다. 일반적으로는 성적 이형성이 강할수록, 즉 남성이 소위 말하는 남성적인 외모를 가졌을수록, 여성은 더 여성적으로 생겼을수록 더 매력적으로 지각된다. 그런데 동안 얼굴과 여성적인 얼굴에는 공통점이 많다. 보통 동안 얼굴, 더 어려 보이는 얼굴에는 넓은 이마, 작은 턱, 둥근 얼굴 등의 특징이 있다. 그런데 이런 요소들은 여성적인 얼굴의 특징이기도 해서 동안의 요소들이 강하면 더 여성적인 얼굴로 지각된다고 한다.

흥미로운 점은 동안 얼굴이 여성의 매력에만 긍정적으로 작용한다는 점이다. 더 정확하게 표현하자면, 남성의 동안 얼굴에 대한 연구 결과는 일관성이 없다. 일반적으로 남성에게는 동안이 그렇게 긍정적으로 작용하지 않는 것으로 보았다. 남성이 동안인 경우, 신체적인 강인함, 주도성, 지적 능력 등의 면에서 전반적으로 유능하지 않은 것으로 평가된다고 한다. 기본적으로 남성의 젊음은 사회적 미성숙과 연관 있는 것으로 여겨져 생기는 현상으로 보인다.

'젊음'은 남성에게는 절대적인 미덕이 되지 못한다. 이제까지는 보통 20대 남성과 50대 남성의 매력을 비교하면 50대 남성의 매력이 그렇게까지 많이 차이 나거나 부족하지 않다고 여겨졌다.[47][48] 여기에는 기본적으로 남성의 피부가 여성의 것보다 두껍고, 콜라겐 섬유와 엘라스틴 섬유가 더 풍부해서 남성의 피부 노화가 좀 더 더디게 진행된다는 의학적 설명이 따른다. 또한 20대 남성에 비해 압도적으로 높은 50대 남성의 사회경제적 지위가 매력도에 영향을 끼친다는 사회문화적 설명도 더해진다.

특히 남성의 젊음은 유약함과도 연결된다는 점에서 유리하게 여겨지지 않는다. 이 점에서 성별에 따른 신체적 발달 속도의 차이가 영향을 끼친다. 여성의 경우 신체적 성숙이 더 빨리 진행되고 끝나기 때문에 2차 성징이 끝난 10대 중후반의 여성은 성인 여성과 비교해서 신체적으로 큰 차이를 보이지 않지만, 성인이 되고 난 후까지 신체적으로 성장하는 남성의 경우 10대 남성이 20대 남성보다 여러 가지 점에서 약하다. 생존을 중시하는 진화심리학적 시각을 빌리자면, 유약한 남성은 경제 생산성이 낮아 보이고, 짝을 지켜줄 능력이 부족해 보이므로 매력도가 떨어진다고 할 수 있다.

그런데 최신 연구에서는 남성도 동안일수록 매력도가 높다는 결과들이 보고되고 있다.[49] 연구자들은 이 같이 결과가 달라지는 이유로 문화적 차이를 주목하고 있다. 서구권에서는 남성성이 뚜렷하고 강인한 인상의 외모가 더 매력적으로 지각되는 경향이 있는 반면, 동양권에서는 동안의 요소를 갖춘 외모가 더 매력적으로 지각되는 경향이 있다는 것이다.[50] 최근 BTS를 필두로 한국의 K-pop이 전세계적으로 인기를 끌고 있는데, 어쩌면 K-pop을 접한 서구 문화권 사람들은 동안 남자들을 더 매력적으로 느낄 수도 있지 않을까 하는 생각도 든다.

그렇다면 우리는 어떤 얼굴을 동안이라고 생각할까? 아기처럼 생긴 얼굴? 아기처럼 생긴 얼굴이란 어떤 얼굴일까? 아기 얼굴 하면 떠오르는 요소들이 있다. 큰 눈, 넓은 이마, 작고 둥근 코와 턱 등등. 이러한 요소들을 가지고 있는 얼굴이 동안이다.

우리는 보통 얼굴을 판단할 때 이목구비의 전체적인 배열 정보를 사용한다. 얼굴을 보고 신원을 확인하는 얼굴 재인, 성별 지각, 매력도 지각 등이 대부분 전역적으로 처리된다. 그런데 나이를 지각하는 과정만큼은 전역적 처리보다는 세부 특징 기반 처리에 영향을 더 많이 받는다.

젊은 나이에도 불구하고 머리가 하얗게 세거나 모발이 충분치 않은 경우, 그가 실제 연령보다 더 나이가 들었다고 착각하는 경험을 해보았을 것이다. 이들이 머리를 까맣게 염색하거나 가발을 쓰니까 좀 더 젊어 보이는 경험도 해보았을 것이다. 이처럼 배열 정보가 동일할지라도 세부 특징에 따라 동안이 될 수도, 노안이 될 수도 있다. 큰 눈, 둥근 이마, 작고 둥근 코와 턱, 검고 풍부한 모발(우리 나라의 경우), 희고 깨끗한 피부 등은 동안의 요소들이다. 이런 세부 요소를 갖추면 우리는 동안이라고 이야기한다.

반대로 노화를 나타내주는 세부 특징이 두드러지면 해당 얼굴이 더 늙게 지각된다. 앞에서 말했듯 흰머리와 탈모는 대표적인 노화 관련 요소다. 검은머리가 흰머리보다, 풍성한 숱이 적은 숱보다 얼굴을 더 젊어 보이게 한다. 또 다른 노화의 세부 특징은 피붓결에서 나타나는 주름과 색소 침착이다. 주름이 많아지고, 검버섯 등과 같은 색소 침착 부위가 늘어나면 늙어 보이는 얼굴이 된다. 모발은 유전의 영향을 많이 받지만, 피붓결은 환경적인 영향을 더 받는다. 요즘 피부과에 고객이 몰리는 이유가 있는 셈이다.

입술색도 노화와 연관 있는데, 입술이 붉을수록 더 젊어 보인다. 노화가 진행되면 입술의 혈액 공급이 감소하면서 붉었던 입술이 창백한 분홍색으로 변하며, 노년기에는 회색에 가까워진다. 입술색을 비롯한 얼굴색의 경우 유전이나 환경의 영향을 별로 받지 않는, 대책이 없는 노화 속성이다.

눈, 코, 입도 노화가 진행되면서 조금씩 변화한다. 나이가 들면 얼굴의 피하지방이 줄어들고, 피부의 탄성도 감소한다. 따라서 얼굴이 아래로 축 늘어진다. 그 결과 젊을 때는 눈이 동그래도, 위쪽 눈꺼풀이 늘어지면서 눈꼬리가 처지고 눈이 작아진다. 그리고 살들이 처지면서 눈, 코, 입의 윤곽이 흐려진다. 이런 노화 현상 때문에 노인들의 생김새가 유사해지기도 한다.

미용 시술과 화장법 대부분은 지금까지 언급한 노화의 특징을 줄이고, 세부적인 얼굴 요소가 젊어 보이도록 한다. 주름과 검버섯을 없애고, 입술을 붉게 칠하고, 이목구비의 윤곽을 뚜렷하게 만든다. 그렇게 훨씬 더 젊어 보이는 얼굴을 갖추게 된다.

이렇듯 얼굴로 나이를 지각할 때는 세부 특징의 영향력이 매우 높다. 하지만 그렇다고 배열 정보가 아무런 영향을 끼치지 않는 건 아니다. 어린아이를 한번 떠올려 보자. 넓은 이마, 큰 눈, 조그만 코, 작은 턱을 가지고 있다. 이 특징을 모두 갖춘 얼굴은 이목구비

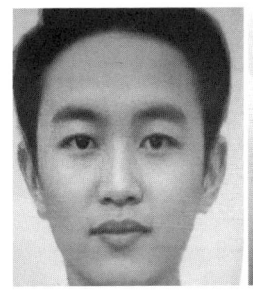 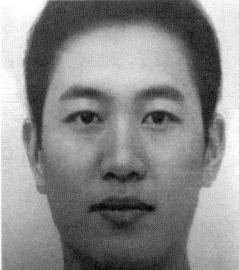 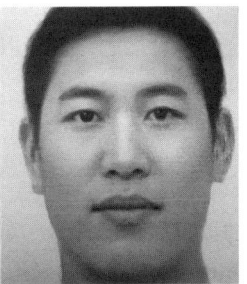

오른쪽으로 갈수록 나이가 들어보인다.

가 얼굴의 아래쪽에 위치한다. 이에 반해 어른의 얼굴은 이목구비가 상대적으로 얼굴의 위쪽에 위치하게 된다. 즉 이목구비가 얼굴의 어디에 위치하고 있는지에 따라서 지각되는 얼굴 나이가 달라진다.

　위의 그림을 잘 보자. 왼쪽에서 오른쪽으로 갈수록 나이가 들어보인다. 한 사람이 점점 성장하는 모습을 담은 것 같다. 하지만 세 사진은 동일한 인물의 다른 버전이다. 단지 사진을 찍은 각도만 달랐을 뿐이다. 제일 왼쪽에 있는 사진은 얼굴 위쪽에 카메라를 두고 찍은 사진이다. 그래서 이마와 눈 부위가 크게 보이고 상대적으로 턱이 작아 보인다. 반대로 가장 오른쪽에 있는 사진은 카메라를 얼굴 아래쪽에 두고 찍은 사진이다. 그 결과 머리와 이마 부분이 작아 보이고 턱을 비롯한 하관 부분이 커 보인다. 이렇게 카메라의 각도만 달리 했을 뿐인데 얼굴의 배열 정보가 다르게 지각되면서 얼굴 나이가 다르게 보인다.

이쯤에서 이런 질문이 나올 법하다. 사람의 얼굴에서 모든 세부 특징들이 모두 동일한 속도로 노화가 진행되는 것이 아니다. 세부 특징 간 노화 수준이 다르다면 우리는 어떻게 나이를 판단할까? 즉, 50대의 얼굴, 40대의 피부, 60대의 머리를 가지고 있다면, 이 사람의 얼굴은 몇 살로 보일까? 똑똑한 우리의 뇌는 평균을 구해 50대라고 판단할까?

슬프게도 뇌는 그렇게 너그럽지 못하다. 가장 잔인한 방법을 사용한다. 가장 나이가 많이 들어 보이는 부분을 기준으로 삼는 것이다. 위의 예에서는 60대로 판단하게 된다. 그래서 젊어 보이고 싶어 시술을 받거나 화장을 해도, 전체적인 균형을 고려하지 않고 한 가지만 과도하게 신경 쓴다면 별로 효과적이지 않다. 요즘 젊은이들 사이에서 유행한다는 옷을 입는다고 해서 젊어 보이지 않는 것과 똑같은 이치가 될 것이다.

젊어 보이는 것이 매력도가 높다면, 가장 근본적인 동안인 갓난아기의 얼굴도 매력 있을까? 이 질문에 답을 하려면 매력이 무엇인지에 관해 다시 한번 정의를 내려야 할 것 같다. 일단 여기서 말할 수 있는 매력이 성적 매력은 아닐 것이고, 갓난아기의 매력에는 매력의 한 요소인 귀여움이라는 단어가 더 어울려 보인다.

갓난아기의 귀여움은 가장 강력한 생존 무기다. 어느 동물이든 아기일 때는 무척 귀엽다. 성체 호랑이를 만나면 날 살려라 하며 도망가겠지만, 아기 호랑이를 만나면 왠지 머리를 한번 쓰다듬어

주고 싶다. 이렇게 귀여움은 치명적이고 생존에 필수적이다. 아무런 능력이 없는 어린 개체들이 어떻게 이 힘한 세상에서 살아갈 수 있겠는가? 물론 부모의 보호 아래 성장하겠지만, 현실적으로 부모가 24시간 항상 보호막을 펴줄 수는 없다. 그러니 아기에게도 자신을 스스로 보호할 무기가 있어야 할 것이다. 아직 제대로 걷지도, 움직이지도 못하는 아기가 어떤 무기를 쓸 수 있을 것인가? 결국 치명적인 '귀여움'밖에 없다.

실제로 아기의 얼굴은 보호 본능을 일으킨다. 이런 보호 본능은 가끔 종을 넘어서도 발생한다고 한다. 고릴라나 오랑우탄이 새끼 고양이를 보살폈다던가, 심지어 야생에서 사자가 새끼 영양을 입양한 경우도 있었다고 하니, 『정글북』이 완전히 불가능한 이야기는 아닌 셈이다. 물론 그렇다고 새끼 동물들의 귀여움이 언제나 유효한 것은 아니고, 일반적으로 보호자 없는 새끼는 포식자의 먹잇감이 되는 것이 일반적이겠지만.

갓난아이를 보고 느끼는 보호 본능은 주로 여성에게 더 강하게 작용한다. 전반적으로 젊은 여성이 갓난아기의 얼굴에 더 민감하게 반응한다. 직접 출산을 경험하지 않았어도 이와 같은 경향을 보인다고 하니, 여성의 보호 본능이 출산 및 양육 경험에서 비롯된 것은 아니라고 보인다. 비슷한 연령과 경험을 가진 여성 중 폐경기의 여성보다 아직 폐경이 오지 않은 여성이 아기의 귀여움에 더 민감하게 반응한다는 연구 결과를 고려하면 호로몬과 연관성이 있을 거라고 추측할 수 있다.[51] 아기의 얼굴을 보는 여성은 뇌의 보상 영역이 활성화된다고 한다. 갓난아기나 귀여운 동물 사진과 동영상을 보며 스트레스를 푸는 것에도 이유가 있는 셈이다.

이렇듯 귀여움은 치명적인 무기가 된다. 그런데 이렇게 외모로 지각되는 귀여움은 동안에 적용된다. 그렇다면 노안인 어린이는? 심리학 연구들은 노안 어린이들의 슬픈 현실을 보여준다. 제브로위츠의 연구에 따르면 아이들의 실제 나이가 같아도, 어른들이 노안 아이들에게 더 엄격하게 대하는 경향이 있다. 두 살 아이가 벽에 한 낙서에 대한 어른의 반응이 아이의 동안 정도에 따라 달라졌는데, 아이가 동안으로 보일 때보다 노안으로 보였을 때 더 엄격하게 훈육받았다. 동안인 어린이는 아직 보살핌이 필요한 상황으로, 노안인 어린이는 행동에 책임을 요구되는 상황으로 지각하기 때문이라고 해석했다.[52]

이런 경향 때문에 동안 정도가 성격 형성에 영향을 끼치기도 한다. 일명 자기충족적 예언, 기대에 의해 행동이 변화해 가는 경향을 고려해 보면, 실제 나이보다 어려 보이는 어린이는 항상 보살핌이 필요한 대상으로 여겨져서 의존적인 성격으로 성장할 수도 있다.

새치가 많으셨던 외할아버지를 닮아 30대 중반부터 염색을 시작했던 나는 지금도 한 달 반마다 미용실에 간다. 젊게 사는 것이 의무인 시대에 그래도 자신의 얼굴을, 외모를 젊게 꾸미는 것이 나쁜 것만은 아니다. 그렇지만 기억하자. 내가 아무리 젊게 꾸며도 늙게 보이는 한 가지 요소로 그 노력이 헛수고가 된다는 점을. 그리고 나의 노화를 드러내는 세부요소는, 외모가 아니라 내면에 있을 수도 있다.

외모를 몰아주긴 했는데…
집단과 개인의 매력

   사진 찍는 것은 즐겁지 않다. 카메라는 내 외모를 정당하게 반영해 주지 않는다. 그런데 친구들이 단체 사진을 찍자고 한다. 거부했더니 외모를 몰아주겠단다. 자기들은 못생겨 보이는 표정을 짓고 있을 테니, 나만 가운데서 멀쩡하게 있으면 된다고. 친구들을 믿고 모처럼 함께 사진을 찍었다. 그런데….

   언젠가 인터넷에서 '외모 몰아주기' 사진이 유행이었던 적이 있다. 이 사진에서는 한 명은 멋지고 매력적인 표정을 지으며 멀쩡하게 포즈를 잡고 있고, 그 사람을 제외한 다른 친구들은 모두 일그러지고 찌그러진 표정을 짓는다. 아마도 주위 친구들의 매력도를 낮춤으로써, 주인공 역할을 하는 친구의 매력을 더 높여주자는 의도일 것이다. 정말 이렇게 찍는 게 주인공의 얼굴을 매력 있게 해줄까?

외모 몰아주기 사진은 심리학 용어로는 '대비 효과contrast effect'를 사용하는 방식이라고 할 수 있다. 대비란 두 개의 자극이 있을 때 그 차이가 확대 해석되는 편향이다. 대비를 매력에 적용하면, 자신보다 매력도가 낮은 사람과 함께 있으면 자신의 매력도가 높게 지각되고, 자신보다 매력도가 높은 사람과 함께 있으면 자신의 매력도가 낮게 지각된다.

매력의 대비 효과를 검증한 실험도 있다. 실험 참가자들에게 A, B라는 두 사람을 보여주고 A의 매력도를 평가하게 했다. B의 매력도가 낮으면 A의 매력도를 높게, B의 매력도가 높으면 A의 매력도는 낮게 평가했다.[53] 대비 효과는 두 사람(A, B)의 관계가 우호적인지 적대적인지에 상관없이 나타났다.

대비 효과를 고려하면, 외모 몰아주기 전법은 매우 성공적일 것이다. 자신을 낮추고 주인공을 지지하는 헌신과 노력이 영향을 발휘한다고 할 수 있겠다. 매력의 대비 효과를 언급하고, 자신의 매력도를 기꺼이 낮춘 친구들의 우정을 칭찬하며 이번 꼭지를 마무리하는 것도 아름답겠지만, 이야기가 그리 쉽게 끝나지는 않는다.

대비 효과와 정반대의 효과 역시 존재하는데, '동화 효과assimilation effect'이다. 동화 효과는 두 개의 자극이 있을 때 그 자극 사이의 차이를 축소 해석하고 유사성을 확대 해석하는 편향이다.

동화 효과를 매력에 적용하면 두 사람이 함께 있을 때 두 사람의 매력도는 서로 유사해진다. 내가 나보다 매력적인 사람과 함께 있으면 나의 매력도가 향상된다는 말이다. 그렇다면 내가 나보다 매력적이지 않은 사람과 함께 있다면? 아쉽게도 나의 매력도가 낮아진다. 매력의 동화 효과도 역시 실험을 통해 검증되었다.[54]

동화 효과의 측면을 고려하면 외모 몰아주기는 역효과를 낼 수 있다. 주변에 있는 사람들이 얼굴을 일그러뜨려서 매력이 낮아진다면, 멀쩡한 얼굴로 있는 내 매력도 실제보다 더 낮아질 수 있다.

전혀 반대되는 두 가지 효과가 동시에 입증되다니, 이를 어떻게 해석해야 할까? 연구자들은 어떨 때 대비 효과가 나오고 어떨 때 동화 효과가 나오는지 효과들의 발생 조건을 명확하게 하려고 했다. 대부분의 연구자는 인물들 사이의 관계에 따라 대비 효과가 발생할 수도, 동화 효과가 발생할 수도 있다고 본다. 인물이 주변인들과 하나의 집단으로 강력하게 묶인다면 동화 효과가, 그렇지 않은 경우에는 대비 효과가 발생할 가능성이 높다. 예를 들어 동일한 유니폼을 입고 함께 걸어가고 있는 항공사 승무원 집단은 매력의 동화 효과가 발생하기 쉽다. 하지만 반대로 내가 우연히 길을 걷다가 연예인을 발견하고 사진을 함께 찍는 경우에는 대비 효과가 발생해서 연예인의 높은 매력도가 나를 짓밟게 된다.

그런데 동화 효과와 대비 효과를 굳이 따질 필요가 없다는 연구 결과도 있다. 내 옆에 있는 사람의 매력이 높건 낮건 상관없이, 일단 여러 명이 함께 사진을 찍으면 나의 매력이 높아진다는 것이다. 한 실험에서는 개인이 단독으로 제시될 때의 매력도보다 집단에

속해 있는 개인으로 제시될 때의 매력도가 더 높아지는 현상을 확인했다.[55] 다시 말하면, A의 독사진을 보고 평가한 매력도와, A가 친구와 함께 찍은 사진을 보고 평가한 매력도를 비교하면, 후자가 더 점수가 높았다. 이 효과를 '치어리더 효과cheerleader effect'라고 이름 붙였다.

연구자들은 치어리더 효과가 발생하는 원인을 평균성에 초점을 두고 설명한다. 여러 사람이 함께 제시되면 우리는 무의식적으로 그 사람들을 하나의 집단으로 묶고, 그 집단의 표상을 구축한다. 이때 집단의 표상은 집단 구성원의 평균 얼굴과 유사하게 형성된다. 앞서 우리는 얼굴이 평균에 가까워질수록 매력적으로 느낀다고 설명했다. 그것처럼 집단의 평균 표상은 매력적으로 느껴지는데, 집단의 구성원은 표상과 유사하므로 집단 내의 사람도 더 매력적으로 보인다는 것이다.

치어리더 효과를 고려하면 여러 명이서 함께 사진을 찍는 것은 단점이 없어 보인다. 대비 효과가 일어날 때는 매력이 낮은 사람이 손해를 보고, 동화 효과가 일어날 때는 매력이 높은 사람이 손해를 봐서, 함께 찍히는 사람 중에서 누군가는 매력이 낮아지고야 만다. 하지만 치어리더 효과에 따르면 그 누구도 손해를 보지 않는다. 치어리더 효과의 발견이 매력의 대비 효과나 동화 효과가 틀렸거나 없다는 의미는 아니다. 친구의 매력도 탓에 내 매력도가 상대적으로 더 높아지든 낮아지든, 나 혼자서 사진을 찍을 때보다는 친구들이 함께 있을 때 더 매력적이라는 것이다.

치어리더 효과를 믿는다면 친구들과 함께 사진을 찍는 것을 너무 겁내지 않아도 될 것 같다. 그리고 굳이 외모를 몰아주지 않아도 충분하다. 함께하는 것만으로도 우리의 매력은 한 단계 상승할 수 있다.

지금까지 이야기한 대비 효과, 동화 효과, 치어리너 효과는 주변에 있는 사람들이 한 개인의 매력에 영향을 주는 현상이다. 그런데 우리는 집단 속 한 개인의 얼굴 매력을 판단하는 경우도 있지만, 집단 전체의 매력을 판단하기도 한다.

한 아이돌 그룹이 데뷔를 했다고 하자. 그 그룹은 매우 매력도가 높은 멤버들로 구성이 되어 있지만, 멤버 수가 열 명에 가깝다. 열 명을 하나하나 자세히 들여다보고 매력도를 판단할 수 있을까? 우리의 정보 처리 능력으로는 각 개인에게 충분히 주의를 기울일 수 없다. 그래서 각 개인보다는 그 그룹 전체의 매력을 판단하게 된다.

이렇게 집단의 매력이 내 머릿속에 형성되면, 그 영향력은 무척 강해진다. 집단의 매력은 다른 평가에도 맥락으로 작용한다. 새롭게 데뷔한 A라는 아이돌 그룹을 보고 '매력적인 사람 옆에 매력적인 사람'이 있는, 매력도가 무척 높은 그룹이라고 판단했다고 치자. 그렇다면 A에 속한 각 멤버들이 실제 매력보다 더 높은 매력을 가진 것으로 지각될 수 있다.

최근에 한 연구는 '집단-매력 효과Group-attractiveness effect'라는 현상

을 보고했는데,[56] 이는 집단을 구성하는 각 개인의 개별 매력도를 산술적으로 평균 낸 '산술적 평균 매력'에 비해 지각된 집단의 매력이 더 높은 현상이다. A, B, C, D 네 명으로 이루어진 집단이 있다고 가정하자. 각 개인의 매력을 점수화했을 때 각각 70, 70, 80, 100이었다면, 이 집단 매력의 산술적인 평균은 80이다. 그런데 이 네 명을 동시에 보여주고 이 집단의 매력을 평가하라고 하면 85라고 보고한다는 것이다.

연구자들은 집단-매력 효과의 발생 원인으로 선택적 주의의 역할에 주목했다. 집단 내에서 가장 매력적인 얼굴(위의 예에선 D)에 주의가 더 쏠리고, 그 결과 D의 매력이 전체 집단 매력 판단에 더 강한 영향을 끼친다는 것이다. 실제로 연구자들은 매력도가 낮은 얼굴 자극보다 매력도가 높은 얼굴 자극을 참가자들이 더 잘 기억했고, 눈 운동 추적기를 이용해서 집단 내 가장 매력적인 사람에게 시선이 가장 오래 머문다는 것을 확인했다. 집단-매력 효과는 여성 또는 남성만으로 구성된 집단만이 아니라, 혼성 집단에서도 발생했다.

집단-매력 효과를 보면, 왜 아이돌 그룹을 구성할 때 일명 비주얼 센터라고 불리는 멤버, 즉 매우 높은 수준의 매력도를 갖고 있는 멤버가 필요한지 이해할 수 있다. 매력도가 높은 멤버가 있어야, 더 강한 집단-매력 효과가 발생해서 그 그룹의 집단 매력이 높아지기 때문이다.

스마트폰의 발달로 사진을 쉽게 찍을 수 있는 시대가 되었다. 나의 시간들을 기록으로 남길 수 있는 기회도 늘어났다. 내가 사랑하는 사람들과 되도록 많은 사진을 찍어보면 어떨까? 내가 어떻게 보일지는 걱정하지 말자. 사랑하는 사람들과 함께 찍은 사진 속 당신은 너무나 매력적일 것이다.

얼굴에도 순서가 있다
순응 효과

연인의 이전 사랑은 안 물어보는 것이 예의다. 나도 그렇게 생각한다. 굳이 물어봐서 좋을 것이 없다. 나와 뭔가 관련이 있는 것 같이 느껴지기 때문이다. 내가 아는 어떤 사람의 연인 변천사를 보면 대비가 극명하다. 착하고 순하지만 활동적이지 않은 사람을 사귄 뒤에는 예민하고 까칠한 매력이 있으며 활동적인 사람을 만난다. 물론 이와 반대로 일관적인 경향을 보이는 사람도 있다. 새로 만난다는 사람이 이전 연인과 너무 흡사해서 취향이 일관되구나 생각하기도 했다. 이처럼 우리가 새로운 연인을 선택할 때, 이전의 경험은 일종의 기준점 역할을 한다. 딱히 나쁜 것은 아니다. 지나간 경험을 판단의 주요 근거로 삼는 것은 당연한 정신 활동이니.

이전의 경험이 현재에 영향을 미치는 것은 우리 시각 시스템에서도 마찬가지이다. 가장 대표적인 현상이 '잔상afterimage'이다. 잔상은 어떤 시각 장면이 한동안 제시되었다가 사라진 이후에도 잠시 동안 그 장면이 보이는 현상이다.

잔상 중에서도 '부적 잔상negative afterimage'은 흥미로운데, 실제 제시되었던 장면이 반전된 형태의 잔상을 만들기 때문이다. 아래 그림을 바라보자. 반전된 태극기 모양 한 가운데에 있는 십자가 모양에 초점을 맞추고 계속해서 보면 된다. 십자가에 초점을 계속 두기가 쉽지는 않겠지만, 그래도 노력해 보길 바란다. 그렇게 10초 정도 바라본 후에 고개를 돌려 아무 것도 없는 하얀 종이를 바라보자. 그냥 벽을 바라보거나 책상을 바라봐도 된다. 가급적이면 흰색이면 좋고, 무늬가 없으면 더 좋다.

무엇이 보이는가? 아마 태극기가 보였을 것이다. 잘 보이지 않는다면 몇 차례 눈을 깜빡이면 도움이 될 것이다.

잔상은 '순응adaptation' 기제와 관련이 있다. 순응은 현재 환경에서 주변을 가장 잘 볼 수 있도록 시각 시스템을 일시적으로 변화시키는 것을 말한다.

순응의 가장 흔한 예는 '암순응dark adaptation'인데, 밤에 자기 위해서 불을 끄면 처음에는 주변이 칠흑같이 어두워서 아무것도 보이지 않다가, 어느 정도 시간이 지나면 흐릿하게 주변을 볼 수 있게 되는 현상을 말한다. 암순응은 어둠 속에서도 주변을 볼 수 있도록 시각 시스템이 빛에 대한 민감도를 조정한 결과이다. 대낮에도 어둠 속에 있는 약한 빛에 반응할 정도로 민감도가 높으면 아마 태양이 뿜어내는 강렬한 빛에 눈이 부셔 아무것도 볼 수 없을 것이다. 그래서 대낮에는 빛에 대한 민감도를 낮추고, 그 대신 어둠이 심해지면 민감도를 높이도록 조절하는 것, 그것이 암순응이다.

이렇게 순응 이야기를 하는 이유는 순응 기제가 얼굴을 볼 때도 작용하기 때문이다.

앞의 모나리자를 보자. A와 B 중에서 어떤 것이 진짜 모나리자일까? 쉽게 알 수 있을 것이다. 왼쪽에 있는 A가 진짜이다. B는 A에 비해서 코가 길고 눈과 입이 위, 아래로 더 넓게 퍼져 있다.[57]

이제 아래 그림을 보자. 잔상 그림을 봤을 때처럼 이 이상한 모나리자 얼굴을 20~30초 정도 지속해서 바라보자. 그러고 나서 잠시 눈을 감고 10초 정도 휴식한 후 다시 이전의 두 모나리자를 보자. 어떤 것이 진짜 모나리자 같은가?

처음 봤을 때는 A가 확실히 진짜 모나리자 같았지만, 이젠 B도 그닥 이상해 보이지 않을 것이다. 이전엔 B의 코가 매우 길어 보였지만, 이제는 그냥 원래 모나리자의 얼굴에서 볼 수 있었던 길이 정도로 보일 것이다.

이런 현상을 얼굴의 '순응 효과'라고 한다. 한 얼굴을 오래 봐서 그 이목구비의 배열 정보에 순응이 되면, 다음에 보는 얼굴의 배열을 그 반대 방향으로 지각하려는 경향을 말한다. 기다란 코에 순응

이 되면, 그다음에 본 얼굴의 코를 상대적으로 더 짧게 지각한다는 것이다. 아내가 눈이 큰 사람과 마주보고 오랫동안 이야기를 나누고 집에 와서 나를 본다면, 내 눈이 유난히 작다고 느낄 것이다. 지금 내 얼굴이 상대에게 어떻게 보이는지는 그 상대가 날 만나기 이전에 누구를 만났느냐에 따라 달라질 수 있다.

눈치가 빠른 독자라면 이 정도만 듣고 '그렇다면 매력도…?'라고 생각할 것이다. 큰 눈은 높은 매력과 연관이 있으니까. 맞다. 매력에 대해서도 순응 효과가 존재한다. 한 실험에서는 참가자가 매우 매력적인 사람에게 순응하게 한 뒤에 다른 사람을 보여줬다. 당연히도 뒤에 본 사람의 매력도를 더 낮게 지각했다. TV 속 꽃미남을 보고 있다가 나를 보고 머뭇거리는 아내의 표정에는 이유가 있었던 것이다.

여러 사람을 동시에 함께 봤을 때는 대비 효과, 동화 효과, 치어리더 효과 등이 다양하게 작용하고, 따라서 여러 사람들과 함께 사진을 찍는 것이 긍정적인 결과를 낳는 경우가 많았다. 하지만 시간을 두고 사람을 연달아 만나는 경우에는 대비 효과만이 존재한다. 오늘 혹시 새로운 만남을 위한 소개팅 자리를 간다면, 나를 만나기 전 본인보다는 덜 매력적인 사람을 만나고 오기를 기도할 필요가 있을지도 모른다.

세상의 중심에서 매력을 외치다
매력 확산의 위치 효과

2016년 〈프로듀스 101〉이라는 오디션 프로그램이 방영되었다. 여러 엔터테인먼트 회사에 소속된 연습생 중에서 프로젝트 그룹으로 활동할 멤버를 선발하는 오디션 프로그램이었다. 기존에도 가수로 데뷔하기를 원하는 사람들이 참가하는 오디션 프로그램은 많았다. 하지만 〈프로듀스 101〉은 기존 오디션 프로그램과 여러 측면에서 달랐다. 그중 나의 관심을 가장 끌었던 것은 그룹 퍼포먼스가 많다는 점이었다. 참가자들은 누가 가운데(센터에) 설 것인가를 놓고 신경전을 벌였다. 왜 그들은 그렇게 가운데 서고 싶어 했을까?

집단의 중심에 있고 싶은 것은 당연한 마음이다. 집단생활을 하는 동물인 인간은, 집단 구성원에게 인정받고 싶은 욕구, 집단에 강한 영향력을 발휘하고 싶은 욕구를 자연스럽게 가진다. 단체 사진을 찍을 때면 더 강한 영향력을 갖고 있으며 지배적인 위치에 있는 사람이 가운데 서게 된다. 대통령실의 단체 사진을 찍는다고 해보자. 아무리 대통령이 겸손하고 나서기 싫어하는 성품을 가졌다고 할지라도, 그 사진의 중심에 대통령이 위치하는 것은 불변의 법칙이다.

우리는 보통 가장 돋보이게 하고 싶거나, 중요하다고 생각하는 물건을 한가운데 배치하는 경향이 있다.[58] 이 때문인지 우리가 TV나 컴퓨터 모니터를 볼 때에는 화면의 중심을 가장 먼저 보고 이를 중심으로 눈을 움직여서 화면을 파악하는 경향을 보인다.[59] 한 개인의 입장에서 보면 집단의 가운데에 자리 잡는 것은, 자신의 사회적 영향력을 증명하는 수단이자 더 많이 주목받고 스스로를 알릴 기회이다. 집단의 입장에서는 가운데에 누구를 두느냐는 전체 집단의 이미지가 좌우되는 문제다.

아이돌 그룹들은 자신의 이미지 형성에 사활을 건다. 그룹의 멤버들에게는 각자 역할이 있다. 어떤 멤버는 가창력이 좋아서 보컬을 담당하고, 어떤 멤버는 랩을 잘 해서 래퍼 역할을 한다. 춤을 잘 추는 멤버는 퍼포먼스를 담당하고, 어떤 멤버는 예능 프로그램에서 활약해 해당 그룹의 인지도를 높인다. 그런데 소속사에서 공식적으로 말하지 않지만, 그리고 포털의 프로필에도 따로 표기가 없지만 모두가 인정하는 역할을 수행하는 멤버가 있는데, 바로 '비주얼' 멤버이다. 비주얼 멤버는 일반적으로 외모 매력도가 높은 멤버를 말한다. 이들 중에서 일명 '비주얼 센터'라고 하는 멤버가 있다. 팀에서 가장 매력도가 높은 멤버이다.

'비주얼 센터'는 보통 팀의 한가운데 자리를 잡는다. 가장 주목받는 자리에 가장 매력도가 높은 멤버를 두면, 그 멤버의 매력이 그룹 전체의 매력도를 높게 끌어올릴 것이라고 기대하기 때문이다. 앞서 보았듯이 집단에서 가장 매력도가 높은 구성원의 매력이 집단 전체로 퍼지는 '매력의 확산 효과'에는 근거가 있다. 앞 쪽지에서 언급했던 '집단-매력 효과'를 보면, 가장 매력도가 높은 구성원에게 선택적인 주의가 주어지고, 해당 구성원의 매력이 전체 집단으로 퍼져 집단 전체가 더 매력적으로 지각될 수 있다.

이렇듯 '비주얼 센터'의 개념은 경험적으로도, 그리고 관례적으로도 널리 받아들여지고 있다. 그런데 곰곰이 생각해 보면, 비주얼 센터를 중심에 두는 것이 정말 옳은 전략일까 의심이 든다. 뇌과학이나 지각심리학 연구 결과를 고려하면 화면에서 왼쪽에 위치한 멤버의 매력도가 더 큰 영향을 미칠 가능성도 존재한다.

우리 뇌는 좌우로 나뉘어 있고, 각 반구에 따라서 주로 담당하는 일이 다르다. 얼굴 매력을 판단하는 것은 오른쪽 뇌, 즉 우반구가 담당한다. 왼쪽 시야의 정보들이 오른쪽 뇌로 들어오기에, 우리는 보통 왼쪽 시야장에 들어온 물체에 과잉 집중하는 경향을 보인다.[60] 그렇다면 왼쪽에 위치한 사람들의 매력이 매력 판단에 영향을 더 끼칠 수도 있다. 가장 매력도가 높은 비주얼 멤버들을 왼쪽에 배치하는 게 더 좋을 수도 있지 않을까?

정반대 의견도 존재한다. 오른쪽에 있는 멤버들의 매력이 더 큰 영향을 끼칠 수도 있다는 것이다. 우리는 복수의 사람이나 사물로 구성된 집단을 보면 그 집단의 전체적인 표상을 만든다.[61] 여러 개의 자극들이 연달아 나오는 경우, 가장 마지막에 나오는 자극의 속성이 전체적인 표상의 형성에 가장 크게 영향을 미친다.

우리는 어떤 장면을 볼 때 무의식적으로 왼쪽에서 시작해서 오른쪽 방향으로 본다. 이런 성향은 우리의 읽기 방향과 관련이 있다고 알려졌다. 우리는 왼쪽에서 오른쪽으로 눈을 이동시키며 글을 읽는다. 인류 역사에서 문자가 발명된 것은 비교적 얼마 되지 않았지만, 우리 뇌는 문자를 읽는 것에 최적화되어 있다.

빨강 글자는 어떤 색으로 쓰여 있는가? 정답은 파란색이다. 그렇지만 우리는 빨간색이라고 말하거나, 대답하기 전에 멈칫하게 된다. 이런 현상을 '스트룹Stroop 현상'이라고 하는데, 인류가 글자만 보면 자동적으로 읽는 성향이 있다는 점이 이 현상의 원인으로 추측된다.

한국 번화가 사진을 보면 다른 나라에 비해서 간판이 너무 정신없고 난잡하게 걸려 있다는 느낌을 받을 것이다. 어느 건축학과 교수는 이것이 일종의 착시라고 설명했다. 세계 어디서나 번화가에는 간판이 저런 식으로 걸려 있는데, 한국 거리의 간판은 우리가 한국어를 읽을 수 있기 때문에 번잡하게 본다는 것이다. 이처럼 우리는 읽을 수 있는 글이면 무의식적으로 읽는다.

좌우로 글을 읽는 훈련을 과도하게 해온 우리는, 앞에 있는 정보가 글이 아니어도 무의식적으로 왼쪽에서 오른쪽으로 눈을 움직인다. 물론 일본에서처럼 가로쓰기가 아닌 세로쓰기를 하는 문화권에서는 이런 성향이 없다고 한다. 어쨌든 좌우 방향으로 가로쓰기를 하는 우리는 오른쪽에 있는 인물을 가장 마지막에 보고, 이 마지막에 본 인물이 집단 매력 표상에 영향을 크게 끼칠 것이다.

그럼 도대체 가장 매력도가 높은 비주얼 멤버는 어디에 위치해야 할까? 가운데? 왼쪽? 오른쪽? 최근 한 연구는 실험을 통해 검증해 보았다. 정화경은 얼굴 사진 세 장을 보여주고 전체적인 집단의 매력을 평가하게 했다.[62] 이때 가장 매력도가 높은 사람의 얼굴 사진이 제시되는 위치를 각각 왼쪽, 가운데, 오른쪽으로 바꾸어가며 효과를 확인해 보았다. 결과는 어땠을까?

정답은 가운데다. 가장 매력도가 높은 사람의 사진을 가운데에 두었을 때, 다른 두 조건에 비해 집단의 매력을 더 높게 지각했다. 엔터테인먼트 업계에서 경험적으로 터득한 '비주얼 센터'의 법칙이 효과가 있었던 것이었다.

아이돌 그룹의 노래와 영상을 즐겨 봤었다. 직장 생활과 육아 탓에 예전 같지는 않지만, 그래도 찾아서 보려고 노력한다. 그들의 화려한 퍼포먼스가 나를 기쁘게 하는 것도 있지만, 아이돌 그룹의 매력을 최대한으로 끌어올리려는 노력에 적용된 심리학의 원리들을 발견하게 되기 때문이다. 아이돌 그룹에 국한된 문제는 아니다. 주변 곳곳에 심리학의 원리가 숨겨져 있다. 숨겨진 심리학을 하나 둘씩 찾아보는 것도 쏠쏠한 재미가 될 것이다.

그대는 왜 아름다운가
미의 법칙 속 숨겨진 메커니즘

지금껏 살펴본 것처럼 얼굴 매력은 너무나도 강력한 힘을 가졌다. 외모만을 보고 그 사람의 본질을 평가하지 말라는 명언이 나올 정도이다. 그렇다면 왜 우리는 아름다움에 반응할까?

인간은 기본적으로 아름다움을 좋아한다. 굳이 사람으로 국한하지 않아도, 아름다운 풍경, 아름다운 예술품 등을 보면 행복하고 기분이 좋아진다. 사람 얼굴을 포함해 아름다운 시각 자극을 보면 우리 뇌에서 쾌락과 보상을 관장하는 영역인 측좌핵nucleus accumbens 이 활성화된다. 미남, 미녀가 세상을 구한다는 말이 사실일 수도 있겠다. 다수의 인간을 행복하게 해주면, 그게 세상을 구하는 것과 다름이 없지 않을까?

그렇다면 우리는 어떤 얼굴을 아름답다고 느끼는 걸까? 미의 기준이 어떻게 형성되느냐에 대한 주장은 크게 두 가지로 나눌 수 있을 듯하다. 사회-문화적으로 학습된 결과라는 주장과, 얼굴 자체에 있는 본질적 속성이 작용한다는 주장. 아름다운 얼굴의 보편적인 법칙을 찾는 연구들은 후자의 주장과 궤를 함께한다고 볼 수 있다. 하지만 이 구분 자체에 의미가 있는지에 대해서는 의문이다. 보편적 아름다움을 주장하는 사람들조차도 사회문화적인 영향력을 부정하지 않고, 보편적 아름다움의 법칙들도 사회문화적 영향을 포함하는 경향이 있다.

대표적인 것이 평균성이다. 앞에서 평균적인 얼굴에 가까운 얼굴이 매력적으로 지각된다는 가설을 언급했다. 주목해야 할 점은 어떤 얼굴이 평균 얼굴인가 하는 점이다. 이상적인 평균 얼굴은 전 세계 인간 모두를 합(성)한 얼굴이 되어야 할 것이다. 통계학에 따르면, 평균 얼굴을 구하는 데 전 세계 인구 모두의 데이터는 필요 없다. 우리가 평생 만나는 사람의 수라면 충분히 평균 얼굴을 구할 수 있을 것이다.

하지만 교통과 과학의 발달로 전 세계가 하나로 묶인 오늘이라고 해도, 여전히 세상은 넓고, 우리는 매우 제한된 영역의 사람만을 만난다. 대한민국에서 평생을 살아온 내가 만나온 사람들은 압도적으로 한국인이 많았을 것이며, 영국 시골 동네에서 평생을 살아온 존은 대부분 백인들을 보았을 것이다. 따라서 나와 존의 머릿속에 생성된 평균 얼굴은 무척이나 다를 수밖에 없다. 즉 자신이 살아왔던 사회와 문화에 따라 평균적인 얼굴이 결정된다. 따라서 본인의 문화 안에서 가장 많이 접촉한 사람의 형상이 평균적인 얼굴이 되고, 그 평균적인 얼굴에 가까울수록 매력적인 얼굴이 된다. 존에게는 전형적인 백인의 얼굴이 더 매력적이고, 나에게는 전형적인 한국인의 얼굴이 더 매력적이듯 말이다.

시대에 따라 미인상이 바뀌는 경향도 평균성과 연관 지어 설명 가능하다. 지금 90년대 영상을 보면 유명 미녀 연예인들이 대부분 가는 눈썹을 하고 있는 것을 확인할 수 있다. 지금 보면 약간은 촌스러운 느낌이 든다. 분명 그 시절 나를 설레게 했던 사람들인데 지금은 아주 매력적인 형태는 아니라는 생각이 들기도 한다.

하지만 90년대에는 가는 눈썹이 유행이었고 당시 내가 봤던 얼굴들도 대부분 가는 눈썹을 가졌다. 얼굴의 평균을 만들 때에는 최근에 봤던 자극이 가중치를 갖게 되므로, 당시 내 마음 속에 있던 평균 얼굴 속의 눈썹은 가늘었을 것이다. 그래서 당시 가는 눈썹의 연예인들은 평균 얼굴과 비슷했을 것이므로 '매력적'이라고 생각했을 것이다. 하지만 지금은 눈썹을 두껍게 그리는 게 유행하고, 이를 계속 본 내 마음 속 평균 얼굴도 두꺼운 눈썹을 갖게 되었다. 그렇게 과거의 가는 눈썹은 더 이상 매력적인 요소가 아니게 된다. 낯선 화장법이나 스타일이 유행한다고 했을 때 처음에 이질감을 느끼다가, 나중에 익숙해지고 예뻐 보이는 것도 이런 영향이다.

그러니 사회문화적 접근과 보편적 속성 접근을 지나치게 상호배타적 관계로 보지는 않았으면 좋겠다. 차라리 그보다 더 근원적인 측면에 관심을 기울이는 것은 어떨까 싶다. 대칭성이나 평균성과 같은 보편적인 매력의 법칙을 이야기하면, 뒤이어 나오는 질문이 있다. 바로 "왜?"

보편적인 매력의 법칙은 현상을 기술하는 측면이 강하다. 연구 결과 좌우가 대칭이면 더 매력적으로 지각되는 경향이 있다는 점이 밝혀졌다. 그런데 왜 대칭이 더 매력적으로 지각되는지는 설명하지 않는다.

이런 '왜'라는 질문에 심리학 분야에서 치트키처럼 늘 나오는 말이 있다. '진화심리학적 접근'. 진화심리학은 인간의 마음과 행동을 진화론의 관점에서 해석하려는 시도이다. 진화심리학적 접근을 이야기하면 언제나 따라오는 책이 있다. 리처드 도킨스의 『이기적 유전자』다. 읽기를 시작한 사람은 많아도, 끝낸 사람은 별로 없다는 우스갯소리가 있을 만큼 쉬운 책은 아니다.

『이기적 유전자』의 주장을 간단하게 정리하자면, 진화의 궁극적인 목적은 개체나 종의 이익이 아니라 유전자의 이익이고, 그중 최고의 이익은 유전자의 영원한 생명이라는 것이다. 유전자의 영생을 위한 방법에는 두 가지가 있다. 하나는 생존이다. 유전자가 살기 위해서는 너무 당연하게도 그 유전자가 속한 개체가 생존해야 한다. 하지만 개체는 영원한 삶을 살 수 없다. 이런 상황에서 유전자가 영원히 사는 방법은 번식, 즉 자녀를 낳아 그 유전자를 다음 세대에게 넘겨주는 것이다.

진화심리학도 이와 비슷한 입장을 취하면서, 인간의 모든 마음과 행동을 두 가지 키워드, 생존과 번식의 측면에서 설명한다. 신체적 매력도 마찬가지이다. 번식을 위해서는 상대방이 있어야 하고, 따라서 사랑과 관련된 대부분의 것들을 번식의 범주에서 설명할 수 있다.

대칭은 건강과 관련이 깊다. 대칭적인 신체를 가진 사람은 유전적 결함이 적다고 받아들여질 수 있으며, 동시에 발달 과정에서 발생하는 환경적 스트레스에 안정적으로 반응했다는 것을 보여준다. 건강한 배우자는 건강한 2세를 만드는 데 매우 유리하다. 연구자들은 이러한 점 때문에 대칭적 얼굴이 더 매력적으로 지각된다고 설명한다.

평균성의 매력에도 비슷한 설명이 붙는다. 진화적으로 얼굴의 비대칭적이거나 극단적인 특징은 질병, 유전적 결함, 발달 장애 등과 연관이 있는 반면, 평균적인 얼굴에 가깝다는 것은 이와 같은 특이점이 얼굴에서 발견되지 않는다는 의미이다. 따라서 평균적인 얼굴은 유전적으로 건강하다는 신호이며, 이는 자손 출생에 유리하기 때문에 더 매력적으로 지각된다고 주장한다. 꼭 대칭성이나 평균성이 아니더라도, 건강과 관련된 요인들, 예를 들면 동안이나 피부색 등이 매력과 관련이 있다는 점도 이와 같은 진화심리학적 설명을 뒷받침해 준다.

진화심리학적인 설명을 듣고 있으면 사랑과 매력이라는 인간의 마음이 동물의 수준으로 낮아지는 것 같은 불편함을 느낄 수 있다. 진화론이라고 하는 것이 인간과 동물의 경계를 크게 두지 않는다는 점을 고려하면 당연할 수도 있지만, 그럼에도 이와 같은 주장을 받아들이는 것은 쉽지 않다. 진화론을 직접적으로 증명할 수 없는 것처럼, 진화심리학적 접근도 지극히 이론적인 가설이라는 점을 생각하면 좀 위안이 될까? 마음의 불편함에도 불구하고 인간의 복잡한 심리를 생존과 번식이라는 두 개의 키워드로 설명할 수 있는 진화심리학적 접근은 심리학에서 여전히 매력적인 접근 방법이다.

다른 방식의 설명도 있다. 정보처리적 관점의 설명인데, 뇌의 일거리를 줄여주는 얼굴을 매력적으로 느낀다는 주장이다. '인지적 구두쇠.' 우리 뇌를 표현하는 말이다. 인간은 지혜의 동물이다. 다른 동물에 비해 지적 능력이 월등하다. 그런데 아이러니하게도, 이러한 우리의 장점 때문에 우리는 뇌를 혹사시키고 있고, 복잡해진 현대사회에서는 더 그렇다. 뇌는 언제나 바쁘고 피곤하다. 그렇다 보니 뇌는 언제나 쉬고 싶어 하며, 일을 가능한 한 쉽게 하고 싶어 한다.

얼굴을 보고 매력을 판단하라는 것도 뇌에게는 귀찮고 하기 싫은 일이다. 그래서 뇌는 자신이 할 일이 줄어드는 상황이면 매우 행복해진다. 이런 행복을 느낄 때 우리는 행복을 느끼게 한 얼굴의 매력도를 높이 평가한다.

대칭적인 얼굴의 경우 양쪽 얼굴이 동일하기 때문에 얼굴 정보 처리가 더 용이하다. 기본적으로 인간의 뇌는 패턴 인식에 최적화되어 있는데, 특히 대칭적인 패턴은 예측 가능하고 구조화되어 있어 이를 빠르고 쉽게 처리할 수 있다. 뇌는 조금 더 쉴 수 있고, 그 결과 그 얼굴을 더 매력적이라고 느낄 수 있다.

평균적인 얼굴의 경우도 이와 비슷하다. 우리가 사람의 얼굴에 있는 정보를 처리할 때 우리 뇌에 있는 얼굴 공간face-space을 이용한다.[63] 이 마음 속 공간의 한가운데에는 평균 얼굴이 존재하고, 새로 입력된 얼굴은 그 평균 얼굴과 차이나는 정도를 분석해서 얼굴 공간 상에 배치한다. 이때 입력된 얼굴이 평균 얼굴과 유사하면 뇌의 인지적 부화가 낮아지고, 따라서 그 얼굴도 매력적으로 지각된다.

얼굴 매력이 사회문화적으로 결정되는지, 아니면 그것을 뛰어넘는 보편적인 법칙에 의해 결정되는지, 그 기저에 진화심리학적 이유가 있는지, 정보처리적 관점이 있는지 정답은 아직 알 수 없다. 하지만 마음이라는 불확실한 존재를 연구하는 심리학이 매력에 보다 과학적으로 접근하려는 노력을 계속하고 있기에, 이 노력이 쌓이면 언젠간 더 명확한 매력의 원리를 알아낼 수 있을 것이다.

6장

얼굴에
심리학을
더하다

가장 아름다운 착시, 화장
델뵈프 착시

"쌍꺼풀 수술은 성형 수술인가, 아닌가?"

심심풀이로 대화하는 주제다. 생각보다 다양한 의견이 나온다. 시술과 수술은 전혀 다른 것이다, 절개법과 매몰법은 구분해야 한다, 앞트임은 쌍꺼풀 수술이냐 아니냐. 쌍꺼풀 수술 하나에도 이렇게 많은 의견들이 나온다는 것은 우리가 얼마나 눈을 중요하게 여기는지를 보여준다.

눈은 마음의 창이라고 한다. 탁한 눈을 보면 마음이 탁하고, 사슴처럼 맑은 눈을 가지면 순백의 영혼을 가졌다는 등의 이야기도 있다. 그만큼 눈은 매력과 깊은 관련이 있다. 연구로도 확인되었는데, 눈이 클수록 더 매력적으로 보인다고 한다. 남성의 경우에는 효과가 확실하지 않았지만, 여성의 경우 큰 눈이 매력에 확실하게 긍정적인 효과를 주었다.

연구자들은 큰 눈이 '젊음'과 연관되어 있기 때문이라고 주장한다. 아이들의 얼굴에서는 눈이 차지하는 비율이 크다. 얼짱이라고 불리는 아이들은 말 그대로 왕방울만 한 눈을 가지고 있는 경우가 많다. 하지만 눈이 얼굴에서 차지하는 비율은 나이가 들면서 줄어든다. 성인이 되면 아무리 눈이 커도 어린 시절과는 비교할 수 없다. 그래서 상대적으로 큰 눈을 가진 성인은 동안으로 지가된다. 동안의 힘은 앞에서 언급한 바 있다.

또 다른 연구자들은 성호르몬과 눈을 연관지어서 설명한다. 에스트로겐이라는 성호르몬은 여성의 성징에 영향을 끼치는데, 에스트로겐이 높을수록 눈이 크다고 한다. (과학적으로 완벽하게 지지되지 않은 주장이긴 하다.) 그래서 눈이 크면 더 확실히 여성으로 보여서, 성적 이형성에 따라 더 매력적으로 보인다는 주장이다.

어떤 주장이 옳은지는 알 수가 없으나, 여성에게는 큰 눈이 얼굴 매력 향상에 도움이 된다는 사실은 확실하다. 그래서인지 눈을 크게 만드는 다양한 방법들이 고안되어 왔다. 나는 잘 모르지만, 눈의 크기를 키우는 것과 관련된 수술 및 시술이 한두 가지가 아니라고 들었다. 하지만 이런 물리적인 수술 및 시술 말고, 눈을 확대하는 심리적인 시술이 있다. 이렇게 신기한 심리학의 영역이 있다고? 정확하게는 심리학의 영역은 아니다. 하지만 심리학의 원리가 잔뜩 녹아 있는 방법들이 사용되는 영역이다. 바로 화장이다.

화장의 심리학. 아마 익숙하지 않은 용어일 것이다. 하지만 화장과 마음이 밀접하게 연관되어 있다는 것은 다들 인정할 것이다. "오늘은 기분이 우울하니 밝은색 립스틱을 발라야지"라고 생각하는 것은 흔하게 있는 일이 아닌가.

화장과 마음의 관계를 알아보려는 시도는 예전부터 있어왔다. 일부 연구는 화장의 사회·문화적 의미에 초점을 맞추기도 했다. 2000년대에 들어서 사람들은 화장을 통해 입술의 형태를 아웃 커브, 인 커브, 헌터스 보우, 유니 립스, 스트레이트 커브 등으로 다양하게 표현했다. 이는 포스트모더니즘의 영향에 따른 새로움과 자유로움, 평등을 추구한 결과라고 해석할 수 있다.[64] 한편 스모키 화장이 로맨틱과 매니쉬 감성을 표현한다고 본 연구자도 있다.[65]

사회·문화적 의미보다 개인의 마음에 초점을 맞춘 시도도 많았다. 화장하는 행위가 심리적 행복well-being이나 자존감과 연관이 있다고 보고한 연구들도 있었다.[66] 또 화장의 방식에 따라 신뢰성과 유능감이 다르게 판단된다는 연구 결과들도 있었다.[67] 화장과 사회성 간의 관계를 밝힌 연구도 있었는데, 특히 여성들의 경우 자신과 유사한 화장을 한 여성들을 보면 더 친밀감을 느꼈다고 한다.

화장은 외모에 직접적인 변화를 주는 행동이다. 다양한 화장품을 사용해서 외형을 실제와 다르게 보이도록 하는 것이다. 눈을 더 크게 보이도록 하고, 눈썹을 더 선명하게 보이도록 하고, 피부를 더 매끈하게 보이도록 하고, 볼을 더 갸름하게 보이도록 하고, 입술을 더 붉어 보이도록 한다.

실제와 다르게 보이는 것. 이것은 지각 심리학자의 전문 영역이다. 우리들은 이것을 '착시'라고 부른다. 그렇다. 너무 나간 것처럼 들릴 수도 있지만, 화장은 착시이다. 그래서 나는 화장을 이렇게 부른다. 세상에서 가장 아름다운 착시라고. 최근 연구자들은 화장의 효과를 지각 심리학 용어로 설명하려고 시도하고 있다.

사실 착시가 우리의 외형과 관련되어 적용되는 분야가 화장만 있는 것은 아니다. 패션 디자인도 결국은 착시 효과를 이용한다. 어떤 스타일의 바지를 입어야 다리가 길어 보일 수 있는지, 어떤 스타일의 셔츠를 입어야 더 날씬해 보일 수 있는지. 우리가 옷 가게에서 거울을 들여다보며 옷을 고르는 것도 나에게 가장 잘 어울리는, 즉 장점을 드러내고 단점을 감추는 착시가 가장 잘 발생하는 조건을 찾는 것이다. 머리 스타일도 마찬가지이고, 액세서리를 선택하는 것도 동일하다. 있는 그대로의 내 모습만을 보여줄 것이라면, 굳이 우리가 매일 아침 외출 준비로 그렇게 많은 시간을 보낼 필요가 없을 것이다.

이렇게 우리가 스스로의 모습을 가리기 위해 활용하는 방법 중 심리학자들이 특히 관심을 보이는 화장법이 바로 스모키 화장이다. 스모키 화장은 눈 주위를 어둡게 칠해서 눈매를 강조하는 화장법을 말한다. 스모키 화장의 놀라운 힘은 눈을 크게 만들어 준다는 것이다.

눈이 비교적 작은 연예인이 스모키 화장을 했을 때 눈이 비약적으로 커지는 모습을 한 장에 담은 일명 비포-애프터 사진을 본 적이 있을 것이다. 물리적인 수술이나 시술 없이, 화장만으로 이렇게 눈의 크기를 바꿀 수 있다는 점은 무척이나 놀라운 현상이다. 그래서 지각 심리학자들은 왜 스모키 화장법이 눈을 크게 보이는 착시를 만들어내는지 고민했다.

'델뵈프 착시delboeuf illusion'라는 착시가 있다. 한 물체의 크기가 주변 자극의 영향으로 다르게 보이는 현상이다. 아래 그림을 보자. 세 개의 검은색 원은 모두 동일한 크기를 가지고 있다. 그런데 가운데에 있는 검은 원이 좌, 우에 있는 두 개의 검은 원보다 크게 보인다. 이유는 검은 원(중심 원)을 둘러싸고 있는 원(주변 원) 때문이다.

왼쪽 그림에서는 주변 원의 크기가 매우 크다. 일종의 대비 효과가 발생한다. 큰 원이 주변에 있으니 내부에 있는 원 크기가 상대적으로 작아 보인다. 이에 반해 가운데 그림의 주변 원은 크기가 상대적으로 작다. 주변 원의 크기가 작아 중심 원과의 크기 차이가 그렇게 크지 않으면 대비 효과 대신 동화 효과가 발생한다. 즉 가운데 중심 원의 속성이 주변 원에 동화되어 비슷한 것으로 지각된

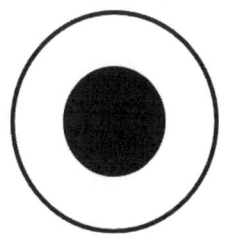  

다. 앞의 그림에서는 검은 원의 크기가 주변원의 크기에 동화되어 실제보다 더 크게 지각되는 것이다. 그래서 오른쪽 그림에서처럼 주변에 원이 아예 없는 경우보다 더 크게 지각된다.

연구자들은 다음 그림처럼 델뵈프 착시를 얼굴에 적용했다.[68] 중심 원을 눈, 주변 원을 눈썹에 대입한 것이다. 실제로 참가자들은 눈썹의 위치가 상대적으로 낮은 경우, 즉 눈과 눈썹 간의 거리가 좁은 경우에 눈 크기를 더 크게 지각했다. 뿐만 아니라 아이섀도를 칠했을 때 눈 크기를 더 크게 지각했다. 아이섀도가 눈과 눈썹 사이를 채우면서 눈과 눈썹의 거리를 더 좁아 보이게 만들었고, 그 결과 델뵈프 착시가 더 강하게 발생했다. 실제로 오른쪽 그림과 같이 아이섀도의 효과를 델뵈프 착시 도형에 적용해서 두 원 사이에 그러데이션을 넣으면 매우 강한 수준의 델뵈프 착시가 발생한다.

아이섀도를 진하고 넓게 칠하는 스모키 화장은 눈과 눈썹의 동화 효과를 강화하고, 그 결과 눈의 크기가 눈썹의 위치까지 확대되는 것처럼 보이는, 일종의 델뵈프 착시를 발생시킨다. 그래서 스모키 화장을 하면 눈이 커지는 착시가 발생한다.

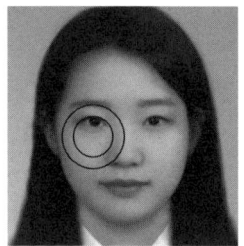 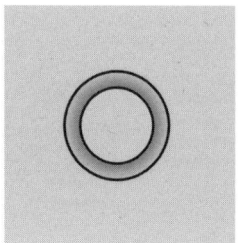 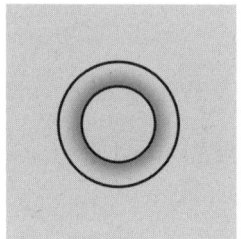

사실 이 설명이 스모키 화장의 효과를 설명하는 유일한 이론은 아니다. 입체감 지각과 관련된 착시로 설명하기도 하고, 그 외에도 다양한 설명들이 존재한다. 정답으로 가는 길은 매우 멀다. 경험적으로 알고 있던 화장의 효과를 착시와 연관시켜서 설명하려는 지각 심리학자들의 시도는 앞으로도 계속될 것이다. 그것이 눈에 보이는 모든 현상을 이해하고, 설명하고 싶은 지각 심리학자의 업業이다.

백설 공주가 미인인 이유
얼굴 밝기와 대비

"거울아~ 거울아~ 세상에서 누가 제일 예쁘니?"

눈치 없는 거울은 또 백설 공주를 말했다. 쓸데없이 심지도 굳지. 사실 왕비도 욕심이긴 하다. 앞에서 언급했듯이 젊음은 이기기 힘든 매력의 법칙인데도, 굳이 그렇게까지….

백설 공주의 거울 이야기는 매력의 보편성을 설명할 때 재미 삼아 많이 꺼낸다. 보편적인 미의 기준이 없다면, 거울의 대답은 거울의 개인 취향일 뿐이다. 그래서 거울의 답변을 전적으로 신뢰하는 마녀의 반응은 미의 보편성이 있다는 것을 강력히 뒷받침한다.

그런데 왜 세상에서 가장 예쁜 사람이 백설 공주일까? 백설 공주는 서구권에서 통용되는 보편적 미의 기준을 정확하게 따른다. 백설 공주의 외모는 원작에 잘 묘사되어 있다. 백설 공주의 어머니가 일을 하다가 실수로 손을 찔려 피를 눈 위에 떨어뜨렸는데, 그때 자신의 아이가 눈처럼 하얀 피부에, 피처럼 빨간 입술에, 흑단처럼 검은 머리를 갖기를 기도했다. 그래서 백설 공주가 그렇게 태어났다.

여담이지만, 하얀 피부, 빨간 입술, 검은 머리면 일본의 게이샤와 유사하다고 생각되지 않는가? 이 요소가 일본 게이샤만의 스타일은 아니다. 전 세계 곳곳에 이와 같은 스타일의 화장이 존재했고, 화장 연구에서는 이를 가장 전형적인 스타일로 취급한다. '기본 화장법received style of cosmetics'이라고 한다. 전 세계에 공통적인 화장법이 있다는 건, 역시나 매력에 보편성이 있다는 걸 보여주는 예시다.

백설 공주 스타일이 미의 상징 혹은 미의 정석으로 자리 잡게 된 것은 영국의 엘리자베스 1세와 관련이 깊다고 한다. 엘리자베스 1세가 누구인가? 영국의 황금기를 가져온 전설적인 여왕이 아닌가. 그런데 엘리자베스 1세와 관련된 슬픈 이야기가 있다. 엘리자베스 1세는 여왕 즉위 4년 후, 20대의 나이에 천연두에 걸렸다. 천연두는 그 당시만 해도 30%의 치사율을 보이던 무서운 병이다. 여왕은 다행히 목숨은 건졌지만, 전신에 남은 반흔과 흉터는 어쩔 수 없었다. 그 이후 자신을 그린 초상화 중에서도 마음에 들지 않는 것들은 다 찢어 버렸다고 하니, 아마도 여왕은 극심한 트라우마를 겪었던 것으로 보인다. 이를 계기로 엘리자베스 1세는 화장을 과도하게 한다. 얼굴은 하얗게 분을 바르고, 입술을 빨갛게 칠했다. 이것이 당시 미인의 기준이 되었는데, 백설 공주의 외모나 기본 화장법의 형태와 같다.

하지만 이 화장법은 심각한 후유증을 남겼다. 엘리자베스 1세는 말년에 매우 심각한 건강 이상을 겪는다. 탈모가 심각해서 가발을 쓰고 다녔고, 심한 우울증에, 인지능력 저하와 섬망까지 겪었다. 그 시대 미백 화장품에는 베네시안 셀루스Venetian Ceruse라는 납 성분이 들어 있었고, 빨간 입술을 위한 립스틱의 염료에는 신사라는 광물이 사용되는데 여기에 수은 성분이 포함되었다. 당시 메이크업을 한 번 하면 일주일 정도는 그냥 내버려두는 관행이 있었는데, 그렇게 엘리자베스 1세는 납과 수은에 장기간 노출되어 중독 증상이 나타났다고 한다.

어쨌든 백설 공주에게는 미의 기준인 흰 피부, 빨간 입술, 검은 머리라는 세 가지 특징이 있었다. 그런데 백설공주의 이름이 된 건 입술이나 머리가 아니라 피부였다. 이는 얼굴 피부색이 매력을 결정짓는 중요한 요인임을 시사한다. 길게 설명했지만, 사실 우리는 상식적으로 알고 있는 이야기이긴 하다. 피부 미인이라는 말까지 있으니까. 피부가 곱고 희면 그 얼굴의 매력이 상승한다는 사실을.

흰 피부, 정확하게는 더 밝은 얼굴색을 가졌을 때 더 매력적으로 지각된다는 점은 상당수의 연구에서 반복적으로 발견되었다. 남성의 경우에는 결과들이 들쭉날쭉했지만, 여성의 경우에는 거의 모든 연구에서 밝은 톤의 얼굴이 선호되었다. 흥미로운 점은, 스스로 짙은 피부색을 선호한다고 보고하는 여성들도 스스로의 얼굴색을 떠올렸을 때에는 실제보다 더 밝은 색을 말했다는 것이다. 게다가 엄밀히 통제된 실험에서는 밝은색의 얼굴을 더 매력적이라고 보고했다.

하지만 이런 연구들에는 문제가 있다. 대부분 백인이 주도하는 사회나 서구 백인 문화에 친숙한 지역에서 주로 진행되었다는 점이다. 그렇다면 미의 기준이 백인 여성에 맞춰졌기 때문에 이런 결과가 나왔다고 추측할 수 있다. 그런데 유색 인종이 주를 이루고, 서구 문명과 접촉이 활발하지 않은 오지의 원주민들을 대상으로 피부색과 매력의 연구를 수행했을 때도 의외로 밝은 피부 톤의 여성을 더 매력적으로 평가한다는 결과가 나왔다.[69]

왜 그럴까? 일단 사회문화적인 영향에 초점을 맞추어 설명할 수 있겠다. 서구 문명이 전 세계의 주도적인 문화로 자리 잡음에 따라, 백설공주로 대표되는 백인 중심 미인상에 대한 선호가 생겼다는 것이다. 실제로 원주민을 대상으로 실시했던 소로코우스키의 연구에서도 서구 사람들과 접촉이 많은 사람일수록 흰 피부에 대한 매력도를 높게 평가하는 성향이 강하게 나타났다.

아니면 과거 피부색이 신분과 높은 상관을 보였던 시절의 유산이라는 주장이 있다. 식민지 시대 유색 인종을 하인으로 썼다는 점에 국한되는 주장은 아니다. 세계 어디서나 신분이 높은 귀족들은 햇빛을 보는 일이 드물었고, 일반 서민들은 햇빛에 노출되는 경우가 많았으니 일반적으로 귀족 등의 상류계층은 흰 피부를, 서민들을 그을린 피부를 가지게 되었다. 고구려 벽화를 봐도 가마에 앉은 귀족들은 상대적으로 더 밝은 피부로 표현됐다. 그래서 흰 피부를 가진 사람은 속칭 '귀티 나는' 얼굴로 여겨져 흰 피부에 대한 선호가 생겨났고, 따라서 더 매력적으로 지각된다는 것이다.

이 책은 심리학책이니, 지각 심리학적인 접근을 빼놓을 수 없다. 물론 착시 때문이다. 피부가 아주 밝으면 눈 주변, 입 수변과의 밝기 차이가 커진다. 이를 대비contrast가 높아졌다고 표현한다. 여성의 경우 대비가 높아지면 매력도가 높아지는 경향이 있다.[70] 대비와 매력의 관계는 성적 이형성과 관련해서 설명한다. 남성의 얼굴과 여성의 얼굴을 비교해 보면, 일반적으로 남성의 얼굴에 비해서 여성의 얼굴에서 대비가 더 강하다. 따라서 대비가 강할수록 더 여성적인 얼굴로 인식되고, 이에 따라 더 매력적으로 느낀다는 것이다. 흰 피부의 매력 증진 효과가 여성에게만 적용된다는 사실을 고려하면 일리가 있는 말로 들린다.

최근에는 흰 피부 선호가 과거에 비해 낮아졌다. 대신 건강해 보이는 구릿빛 피부에 대한 선호가 높아져서, 굳이 태닝을 통해 흰 피부를 구릿빛으로 바꾸기도 한다. 실제로 최근 연구들은 어두운 피부가 흰 피부보다 더 매력적으로 지각된다고 보고한다.[71]

구릿빛 피부가 선호받는 것에는 변화된 사회문화적 환경이 그 원인으로 지목된다. 과거에는 노동을 하지 않는 계급만이 가질 수 있는 흰 피부가 '귀티 나는' 속성이었다면, 오늘날에는 햇빛 작렬

하는 휴양지나 골프장에서 여유를 즐길 때에야 가질 수 있는 구릿빛 피부가 상류층의 속성이 되었다. 이젠 구릿빛 피부가 더 '귀티 나 보이는' 외모라는 것이다.

하지만 이와 같은 결과가 흰 피부가 가지고 있는 긍정적 효과를 부정하는 것이 아니라는 주장도 있다. 태닝으로 만들어진 구릿빛 피부는 단순하게 흰 피부보다 어둡기만 한 피부라고 할 수는 없다.

초등학교 때부터 열심히 외웠던 색의 3요소를 떠올려 보자. 색은 '색상', '밝기(명도)', '채도'라는 속성을 갖는다. 이 3요소는 서로 너무 긴밀하게 연관되어 있어 막상 구분하려면 쉽지 않다. 굳이 구분해 보자면 '색상'은 이 색이 무슨 색인지에 관한 것(빨간색인지 파란색인지)이고, '밝기'는 색이 얼마나 밝은지를 말한다. 태닝으로 만들어진 구릿빛 피부는 흰 피부에 비해서 색상의 측면에서는 노란색(혹은 갈색) 계열이 강한 색이고, 밝기의 측면에서는 더 어두운 색이다.

색상과 밝기를 구분해서 그 효과를 알아본 실험이 있다. 여기서는 밝기가 아닌 색상 때문에 구릿빛 피부가 건강해 보이는 것으로 나타났다. 가장 건강하고 매력적으로 보이는 얼굴색은 노란색을 띤 밝은 피부였고, 색상을 통제한 상황에서는 더 밝은, 즉 흰 피부가 어두운 피부에 비해서 더 건강해 보인다는 결과였다.

종합해 보면, 적어도 여성에게 흰 피부는 매력도를 상승시킬 치트키로 보인다. 어찌 보면 실제 피부에 비해 과도하게 밝은 파운데

이션을 쓰는 사람들의 화장 방식이 옳을 수도 있겠다. 하지만 하얀 파운데이션을 바르려 해도 몇 가지 주의할 점이 있다.

첫째, 흰 피부보다 깨끗한 피부가 더 중요할 수 있다. 우리는 일명 좋은 피부를 '뽀얀 피부' 혹은 '아기 피부'로 정의하는데, 보통 피부색이 밝고 깨끗한 경우를 말한다. 전문 용어로 표현하자면 피부 밝기(흰 피부)와 피붓결(깨끗한 피부)로 구분될 수 있다. 밝기와 피붓결 중에서 피붓결이 매력도에 더 큰 영향을 미친다고 보는 연구도 있다. 피붓결의 효과는 주로 건강과 관련되어 설명한다. 몸 상태가 좋지 않거나 힘들면 얼굴에 뾰루지가 나는 것처럼, 피부의 상태는 우리의 건강 상태를 쉽게 보여준다는 점에서 수긍이 가는 설명이다.

둘째, 얼굴의 밝기는 그 자체의 밝기도 중요하지만, 주변의 밝기도 역시 중요하다. 다음 그림은 동시 대비 효과를 나타내는데, 동일한 회색 사각형이 주변에 있는 사각형의 밝기에 따라 더 어둡거나 밝게 보인다. 즉 주변이 어두우면 더 밝은 회색으로, 주변이 밝으면 더 어두운 회색으로 보인다. 이처럼 옷과 머리의 색에 따라 얼굴 밝기도 달라질 수 있다.

한편 인종에 따라서 얼굴색이 달라 보인다는 연구도 있다.[72] 피부 밝기는 동일하지만 전반적인 얼굴의 생김새가 유색인종이면, 백인의 생김새와 유사한 경우에 비해 얼굴 밝기가 더 어두워 보인다는 것이다.

여전히 다양한 연구들이 하얀 피부의 장점을 시사하고 있다. 하지만 세상이 변했으니 매력적으로 보이기 위해 흰 피부를 고집할 필요는 없다. 피부를 밝히겠다고 무턱대로 밝은 파운데이션을 덕지덕지 바르기보다, 깨끗한 피부를 연출함으로써 내 얼굴색을 밝아지게 하는 것이 고수의 태도다. 파운데이션을 바르는 것보다 깨끗한 피부를 유지하는 것이 더 힘들다고? 쉬우면 고수의 방법이겠나.

얼굴에 붉은색을 더하라
입술 색과 착시

대학생이었을 때다. 여학우들 사이에서는 이런 대화가 오갔다.

"어머, 너 립스틱 바꿨니? 진짜 잘 어울린다."

"이상하지는 않아?"

"완전 좋아. 얼굴색이 변했어. 인생 립스틱을 찾았네!"

내가 봤을 때는 어제와 오늘 별 차이가 없는데 아니었던 모양이다.

이런 일도 있었다. 대학원은 힘든 과정이다. 어느 날 대학원생의 얼굴이 너무 창백해 보였다. 발제를 하더니 진이 다했나 보다. 안쓰러운 마음에 말을 건넸다.

"고생했다. 많이 힘들지? 오늘은 좀 쉬어."

대학원생이 말했다.

"교수님, 저 괜찮아요. 그냥 화장할 시간이 없었을 뿐인데…. 많이 피곤해 보여요?"

가끔 아내와 함께 화장품 가게에 들르면 아내와 직원이 내 눈에는 같아 보이는 립스틱 두 개를 들고 비교해 가며 고민하는 광경을 보게 된다. 가장 난감할 때는 아내가 "두 개 중에 뭐가 더 좋아?"라고 물어올 때다. 두 색이 같아 보인다고 답하면서 묘한 자괴감이 든다. 그래도 명색이 지각 심리학자인데.

나는 탐지할 수 없었던 입술 색의 변화가 그들에겐 존재했다. 이 기억이 나에겐 너무 인상적으로 남아 이 주제로 실험을 진행한 적도 있다. 제목은 '립스틱 색상 민감도에 있어서의 남녀 차이'였다. 남녀 차이에 대한 심리학 연구는 매우 많고 그 논의 수준도 매우 높다. 성별에 따른 차이가 실제 현상적으로 존재하는지를 따지기도 하고, 현상적으로 존재하는 차이가 타고나는 것인지 아니면 학습되는 것인지에 대한 논쟁도 활발하다. 여러 차이가 있겠지만, 내가 경험적으로 가장 확실하게 느낀 남녀의 차이는 화장품, 그중에서도 립스틱의 색상에 대한 민감도였다.

정말 여성과 남성의 색 민감도는 차이가 날까? 논쟁이 있긴 한데, 여성이 남성에 비해서 색상, 특히 빨간색에 더 민감하다고 밝힌 연구들도 있다. 논쟁이라는 표현에서도 알겠지만, 성별에 따른 차이가 없다고 주장한 연구들도 꽤 된다. 하지만 여성 중에 색채 지각 초능력자들이 상당수 있다는 것은 확실하다.

색채 지각 초능력자들은 다른 사람들보다 훨씬 색채에 민감한 사람들이다. 이들 중 일부는 생물학적으로도 다른 사람과 차이가 있다. 색채 지각과 관련 있다고 알려진 망막의 원뿔세포cone를 보통은 3종류 가지고 있지만, 이들에게는 4종류가 있어서 색채 구분을 훨씬 더 잘한다고 한다.

하지만 이런 능력의 유무를 떠나서 보통 여성이 남성보다 색채에 더 관심이 많기는 하다. 실제로 색채를 얼마나 잘 지각하는지 그 능력과 별개로 여성이 색채에 더 다양하게 이름을 붙이는 경향이 있다고 한다.

간혹 누가 봐도 화장을 한 여성이 스스로 민낯이라고 말하는 경우가 있다. 거짓임이 분명한데도 그에 속아 넘어가는 사람들, 특히 남성들이 있다. 사랑으로 그냥 속아 넘어가 주는 경우도 있겠지만, 의외로 진짜 속는 경우도 많다. 많은 남성에게 화장은 곧 색조 화장을 의미하기 때문이다. 우리나라의 남성 화장품 시장은 세계 1위라고 하고, 화장을 하는 남성들도 생각보다 많다. 그런데 막상 자기 입으로 화장한다고 하는 남성은 별로 없다. 이도 아마 색조 화장만을 화장으로 생각하는 성향과 관련이 있는 듯 보인다. 이런 사람은 BB 크림도 화장이 아니라고 생각하는 경우가 많은데, 전체적으로 얼굴 톤이 밝아지긴 해도 축구할 때 선크림을 바르는 것과 효과가 비슷하니 딱히 화장이라고 여길 이유가 없기 때문이다. 어쨌건 이렇게 둔한 사람들도 색조 화장은 인지한다. 이는 색을 덧입히는 것이 얼굴 이미지를 극적으로 바꾼다는 방증이기도 하다.

색조 화장을 하면 아이섀도니 볼터치니 하며 얼굴의 다양한 부위에 다양한 색이 칠해지긴 하지만, 그래도 역시 입술 화장이 대표적이다. 화장품의 대표도 립스틱 아니겠는가. 그리고 역시 립스틱 하면 빨간색이다. 물론 립스틱의 세상은 매우 넓고, 셀 수 없을 만큼 많은 색상이 존재하겠지만, 대부분이 붉은색 계열이다.

"앵두 같은 내 입술, 예쁘기도 하지요"라는 노래 가사처럼, 백설공주의 입술처럼, 기본 화장법에서처럼, 빨간 입술은 화장한 얼굴의 기본이다. 입술 자체가 붉은색이니 입술이 빨간 것도 당연하다. 화장에 익숙하지 않은 사람들은 입술을 너무 빨갛게 칠하면 '쥐 잡아 먹었다'며 부정적인 시선을 드러내기도 하지만, 많은 심리학 연구들이 입술은 붉을수록 더 매력적으로 보인다는 결과를 보여준다. 한 연구에서는 립스틱을 바르지 않은 경우나 갈색 립스틱을 바른 경우보다 빨간색 립스틱을 발랐을 때 매력도가 높았다. 분홍색 립스틱보다도 빨간색이 우세했다고 한다.[73]

꼭 입술이 아니어도 얼굴은 붉은 게 낫다. 우리는 얼굴색이 붉을수록 더 매력적으로 지각한다. 한 연구에서는 얼굴 사진에서 붉은색을 높이거나 낮추는 방식으로 조작한 후 매력도를 측정했더니, 붉은색이 증가할수록 더 매력적으로 지각되었다.[74] 약간 붉은 기운이 도는 할로겐 램프가 있는 카페에서 사진을 찍으면 인물이 더 매력적으로 나오는 것도 비슷한 원리라고 할 수 있겠다.

그런데 우리는 왜 붉은색을 선호할까? 얼굴의 붉은색은 건강과 연관된 신호이기 때문에 붉은 기운이 매력도를 높인다는 주장에

힘이 실린다. 특히 입술은 현재 건강 상태를 알려준다. 속이 체하거나 몸이 아프면 입술이 파래지는 것처럼. 또한 앞에서 언급했듯 붉은 입술은 젊음과도 연관이 되어 있다. 이래저래 립스틱은 붉은색을 고르는 것이 현명할 듯싶다.

물론 붉은색 립스틱도 미묘한 차이들이 있으니 나에게 맞는 붉은색을 찾으려고 이것저것 발라보다 보면 인상이 확 바뀌는 경험을 하게 된다. 주위에서 "립스틱 하나 바꿨더니 얼굴색이 달라 보인다"라고 말해줄지도 모른다. 지각 심리학자의 입장에서는 얼추 일리가 있어 보이는 말이다.

색상을 지각할 때는 주변색의 영향을 많이 받는다. 아래 그림의 두 사각형, 줄무늬 뒤쪽에 있는 두 사각형의 색상은 동일하다. 그런데 왼쪽 사각형은 연두색처럼, 오른쪽 사각형은 초록색처럼 보일 것이다. 주변 색상이 다르기 때문이다. 두 사각형의 색상이 동일하다는 사실을 믿지 못하겠다면 주변의 색을 가리고 보도록 하자.

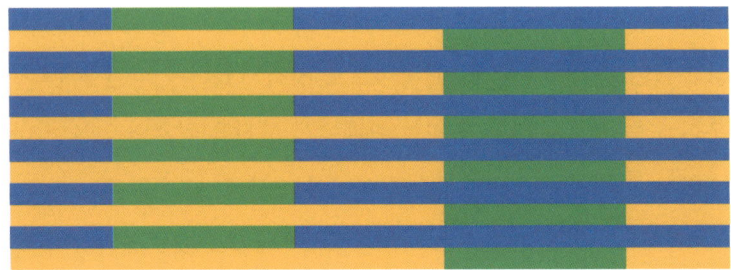

사실 우리도 이 사실을 다 알고 있다. 그래서 옷 입을 때 배색이 중요하다고 하지 않는가. 같은 셔츠를 입어도 어떤 색의 바지를 입느냐에 따라 다른 느낌이 난다. 무슨 옷을 입느냐에 따라 내 얼굴색도 다르게 보일 수 있다.

그러니 립스틱 색에 따라 얼굴색이 달라 보이는 것은 너무나도 당연한 일…이어야 하는데. 지각 심리학 관점에서는 이게 또 그리 당연하지 않다. 말했듯 색의 지각은 주변 색의 영향을 많이 받는다. 우리가 인지해야 하는 물체가 있고, 그를 둘러싼 배경이 있다면, 물체의 색을 인지할 때 배경 색의 영향을 받는다. 그러니까 면적이 큰 부분의 색이 작은 부분의 색에 영향을 주는 경향이 있다. 그러니 입술 색이 얼굴색에 영향을 주기보다, 얼굴색이 입술 색에 영향을 주는 게 더 적절하다.

그런데 실험 결과는 정반대였다. 한 연구에서 립스틱의 색상이 얼굴 피부색 밝기 지각에 영향을 미치는지를 확인했다. 사용한 립스틱의 색이 붉을수록 얼굴도 더 밝게 지각되었고, 반대로 어두운 립스틱을 사용하면 얼굴색도 더 어둡게 지각되었다.[75] 다른 연구에서는 동일한 얼굴의 입술의 색을 조작한 후 각 얼굴의 색채를 보고하도록 했는데, 오렌지색 입술인 경우에는 얼굴색이 더 노랗게, 붉은색 입술인 경우에는 얼굴색이 더 붉고 더 밝게 보였다고 한다.[76]

왜 작디작은 입술의 색이 넓디넓은 얼굴의 색을 바꿀 수 있을까?

연구자들은 그만큼 입술이 중요하기 때문이라 말한다. 입술은 얼굴에서 가장 도드라지는 색을 가진 곳이며, 현재의 건강 상태를 즉각적으로 알려주는 곳이다. 동시에 의사소통에 중요한 말이 나오는 곳이다. 이런 입술의 중요함이 얼굴의 색까지 다르게 지각하도록 만드는 셈이다.

얼굴에 색을 입히면 매력도가 올라간다. 얼굴의 색들은 시로 상호작용을 하며 그 효과를 증폭시키기도 하고, 감소시키기도 한다. 얼굴에서 서로 상호작용하는 요소는 색뿐이 아닐 것이다. 만약 얼굴의 색에 웃는 표정이 더해지면 어떨까? 얼굴에 있는 모든 요소들은 서로 영향을 주고받으며 여러분의 인상을 만들어내고 있다.

남성에게 눈썹 화장을 허하라
대비와 인상

두 장의 그림이 있다. 둘 모두 유명한 화가의 그림이다. 왼쪽 그림은 다빈치의 〈모나리자〉, 오른쪽 그림은 멕시코의 초현실주의 작가인 프리다 칼로의 〈자화상〉이다.

다빈치, 〈모나리자〉

프리다 칼로, 〈자화상〉

이제 눈을 감고 그림들을 다시 떠올려 보자. 모나리자와 프리다 칼로 중 어느 쪽이 선명하게 떠오르는가? 우리는 지금까지 모나리자 그림을 수없이 봐왔다. 그래서 우리에게 모나리자가 더 친숙하지만, 머릿속에 생생하게 떠오르는 그림은 아닐 것이다. 프리다 칼로의 자화상은 훨씬 강렬하고 잘 떠오른다. 그 강렬함의 일부분은 분명히 진한 눈썹 덕분일 것이다.

눈썹 문신을 한 유명인들을 TV에서 쉽게 볼 수 있다. 성별을 가리지 않는다. 연예인뿐 아니라 성형 및 미용과 관련이 없다고 여겨지는 정치인들도 눈썹 문신 대열에 동참한다. 문신에 대한 좋지 않은 선입견이 퍼져 있는데도 눈썹 문신만큼은 연령과 관계없이 인기가 많다. 왜 그들은 눈썹 문신에 쉽게 마음의 문을 열었을까? 남들 눈에 잘 띄지 않는 곳에 작은 문신을 하나 새기자고 해도 거부할 사람들이 어떻게 얼굴, 그것도 가장 눈에 잘 띄는 눈썹에 문신을 할 생각을 했을까?

이유는 간단하다. 눈썹의 강렬함 때문이다. 눈썹은 얼굴에 막대한 영향을 끼친다. 청나라 학자 유곡원이 쓴 「안면문답」이라는 수필에는 눈썹을 비난하는 이야기가 담겼다. 눈, 코, 입, 귀처럼 하는 일도 없으면서 얼굴의 가장 높은 곳에 위치한다는 것이다. 그런데 이건 잘못된 이야기이다. 눈썹은 얼굴에서 무척 중요한 역할을 한다.

인간은 진화 과정을 거치면서 털이 없어졌다. 아마 상당수 필요 없기 때문에 사라졌을 것이다. 그런데 얼굴에서 눈썹은 유일하게 살아남았다. 그만큼 쓸모가 있기 때문이다.

"털이 많아야 미인이다"라는 말이 있다. 왁싱과 제모가 유행인 요즘에는 이해 못할 말일 수도 있지만, 얼굴에 관해서 만큼은 사실이다. 얼굴에 있는 털, 눈썹과 수염은 한 사람의 인상을 180도 다르게 만들 수 있다. 그중 눈썹은 모두에게 존재한다.

털이 인상을 좌우하는 것은 털의 색이 검거나 어둡기 때문이다. 털의 검정색이 피부의 색과 함께 제시되면 대비가 강해져서, 얼굴에서 가장 돋보이게 된다. 사람 얼굴을 볼 때 자연스럽게 눈 쪽으로 시선이 가는 것은 사회적 상호작용에서 눈이 중요하기 때문이기도 하지만, 눈 주변(그리고 입 주변)이 얼굴에서 가장 대비가 강해 자동적으로 시선을 끌기 때문이기도 하다.

눈썹은 표정의 완성도를 높인다. 눈썹은 자유롭게 치켜 올렸다가 내릴 수 있다. 대비가 높은 눈썹이 움직이면 그 움직임이 매우 명확하게 보인다. 눈썹이 진할수록 대비는 더 커지고, 표정은 더욱 강조된다. 눈썹을 조금만 찡그려도 나쁜 기분이 쉽게 전달되는 셈이다.

이를 경험적으로 아는 사람들이 있다. 만화가다. 만화에는 물리적 법칙을 벗어나는 작화의 법칙이 있는데, 그중 하나가 앞머리를 뚫고 보이는 눈썹이다. 분명히 눈썹이 얼굴에 붙어 있고 그 위를 앞머리가 덮으니, 눈썹은 보이지 않아야 한다. 그럼에도 만화 속 세상에서 눈썹은 보인다. 만화가들이 눈썹을 그리는 이유는 간단하다. 눈썹이 보여야 다양한 표정을 표현할 수 있기 때문이다.

눈썹은 얼굴 전체의 인상에도 영향을 끼친다. 2003년에 매우 흥미로운 논문이 출간되었는데,[77] 그 논문에서는 유명인의 얼굴에서 눈을 지웠을 때와 눈썹을 지웠을 때를 비교해서 어느 쪽이 원래 얼굴을 더 잘 알아맞힐 수 있는지를 확인했다. 그랬더니 눈을 지웠을 때에는 그래도 그가 누구인지를 알아차릴 수 있었지만, 눈썹을 지웠더니 알아차리기가 더 힘들었다. 사람을 알아보는 데는 눈보다도 눈썹의 역할이 더 크다는 것을 알 수 있다.

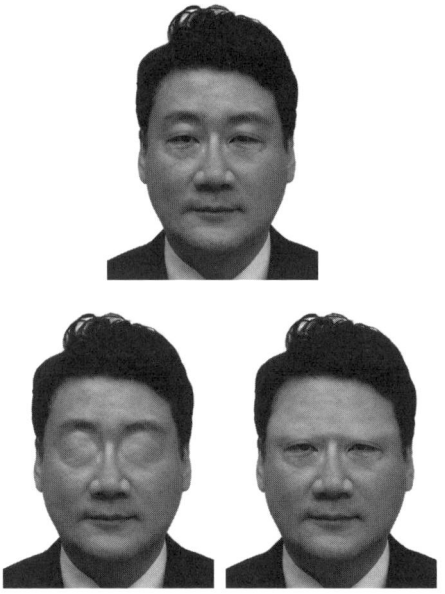

눈썹만 남은 사진과 눈만 남긴 사진 중 어느 쪽이 더 원본을 알아보기 좋은가?

그만큼 눈썹이 얼굴 인상에 영향을 주니, 얼굴 매력에도 영향을 끼칠 것이다. 화장의 영역에서는 상식이다. 여성의 눈썹은 시대에 따라 선호되는 모양이 변했는데, 이는 눈썹에 따라 얼굴의 이미지가 극적으로 변화하기 때문이다. 바꿔봐야 효과가 없다면 굳이 유행이 만들어지지도 않았을 것이다.

눈썹이 진하면 기본적으로 얼굴의 대비가 높아진다. 얼굴의 대비가 높아진다는 것은 피부색과 눈 주변의 밝기 차이가 많이 난다는 의미다. 대비가 높은 얼굴은 더 매력적으로 지각된다. 그래서 기본 화장법은 피부는 밝게, 눈썹은 진하게 만들어서 대비의 수준을 높인다.

또한 눈썹을 잘 그리면 얼굴의 대칭성이 올라간다. 대칭적인 얼굴일수록 더 매력적으로 지각된다는 이야기는 여러 번 언급했다. 강의 시간에 지각 심리학의 원리를 이용한 창업 아이템을 짜보라고 했더니, 여러 학생들이 좌우 눈썹을 정확하게 대칭 모양으로 그릴 수 있게 도와주는 어플을 고안했다. 눈썹을 좌우 대칭으로 그리는 것이 중요하다는 사실을 경험적으로 알고 있었기 때문이다.

한편 진한 눈썹은 남성성의 상징으로 여겨지기도 한다. 실제로도 눈썹 화장은 매력도를 높이는 효과를 발휘한다. 남성 화장의 효과를 알아보기 위해서 민낯에서부터 피부 화장-눈썹 화장-아이라인-아이섀도 순서대로 화장을 시키고, 각 단계의 사진을 찍어서 각각의 매력도를 평정한 적이 있다. 이때 피부 화장과 눈썹 화장을

| 민낯 | 피부화장 | 눈썹 화장 | 아이라인 | 아이섀도 |

했을 때까지는 매력도가 상승했다. 최근 많은 남성들이 눈썹 문신을 하는 것에 다 이유가 있었던 것이다.

연구 결과 흥미로웠던 점은 아이라인과 아이섀도 화장을 했을 때에는 부작용이 발생해서 매력도가 떨어지는 결과가 관찰되었던 것이다.[78] 아마도 아이라인과 아이섀도는 과하다고 받아들여진 것 같았고, 연구자들은 아직까지는 남성의 화장에 부정적인 이미지가 있기 때문에 이런 결과가 나온 것이라고 보았다.

그런데 이즈음에서 갑자기 의문이 들 수도 있다. 이 연구에서 적용한 풀메이크업 화장법은 우리나라 K-pop 남자 아이돌들도 자주 한다. 심지어 무대 화장은 더 진하고 강하게 한다. 그런데 왜 본 연구에서는 남성의 화장에 부정적인 효과가 나타났고, K-pop 아이돌에게는 그 효과가 적용되지 않을까? 아마도 아이돌이라는 직업 자체가 이러한 과도한 메이크업이 허용되는 직업군으로 인식되기 때문일 것이다. 아이돌은 화려하고 멋진 모습을 보여야 하는 존재고, 이들에게 메이크업은 이런 직업의식을 드러내는 수단이다. 그러니 이들에게는 일반적인 사람들과 다른 기준이 적용된다.

나중에 설명하겠지만 '마기꾼(마스크 사기꾼)'이라는 말이 있는

데, 마스크 쓴 얼굴의 매력도가 상승하는 경향을 나타낸 신조어다. 사실 팬데믹 이전에는 이런 경향이 없었다. 과거에는 '마스크를 착용했다'는 것이 '예민함'과 결부되어 부정적인 인상을 주었다. 하지만 코로나 유행 이후 '마스크 착용'은 '에티켓'과 연결되어 긍정적인 이미지를 가지게 되었고, 그럼으로써 '마기꾼'이라는 현상까지 나타난 것이다. 이처럼 우리가 얼굴에 착용하는 사물이 지닌 이미지에 따라 얼굴의 매력도 달라진다.

아이돌의 화장도 이와 같다. 아이돌에게는 화장이 프로다움이라는 이미지와 결부되어 긍정적으로 작용하지만, 다른 사람들에게는 아닌 것이다. 다양한 매력의 법칙이 있지만, 그중 최고는 TPO라는 말이 있다. 시간Time, 장소Place, 상황Occasion에 맞는 옷차림, 행동이 가장 중요하다는 것이다. 아이돌에게는 풀메이크업이 TPO에 맞는 적절한 꾸밈이었겠지만, 다른 사람에게는 그렇지 않아 이런 현상이 생기는 것이라 생각한다.

하지만 당신의 직업이 무엇이고 어떤 화장을 하든, 눈썹 그리기까지는 나의 인상에 긍정적으로 작용한다. 눈썹은 얼굴의 중심이다. 눈썹이 너무 진해서 고민인 사람들도 있고, 눈썹이 너무 흐려서 고민인 사람들도 있다. 눈썹 진하기가 적당해도 모양이 마음에 들지 않아서 고민하는 사람들도 있고, 다 좋아도 눈과의 거리가 멀거나 좁아서 걱정인 사람들도 있다. 이렇게 눈썹으로 고민하는 사람들이 많다는 건 눈썹이 중요하다는 방증이다.

다행히 눈썹 고민을 해결하기 위해 많은 방법들이 고안되어 있다. 아이브로펜슬로 그릴 수도 있고, 눈썹칼로 다듬을 수도 있고, 문신을 새길 수도 있다. 한번 눈썹을 다듬어보는 건 어떨까? 거울을 볼 때 만족감이 높아질 것이다. 그런데 어떤 방법이 좋겠냐고? 그건 심리학자가 아닌 메이크업 아티스트나 의사 선생님, 문신 시술사가 대신 답해줄 것이다.

그는 왜 안경을 쓰는가?
매력과 능력의 상관관계

중요한 발표가 있는 날. 모든 준비를 마치고 거울을 봤다. 난 나를 사랑하지만 뭔가 흐리멍덩한 내 눈빛은 마음에 들지 않는다. 오늘은 나의 스마트함을 어필해야 하는 날인데. 결국 치트키를 꺼냈다. 검은 뿔테 안경. 음… 역시 똑똑해 보인다.

똑똑해 보이고 싶다면 역시 안경만 한 아이템이 없는 것 같다. 안경은 변호사나 의사와 같은 전문직을 연기하는 연기자들의 필수품이기도 하다. 안경을 쓰는 사람이 공부를 잘하고 머리가 좋다는 말은 진짜일까? 헛소리로 치부해 버리기에는 뭔가 연관성이 있는 것 같은 느낌이 든다. 전문직이 되기 위해서는 공부를 열심히 해야 한다. 공부를 열심히 하는 것은 눈을 혹사시키는 일이다. 눈을 혹사시키면 눈이 나빠진다. 눈이 나빠지면 안경을 쓴다. 이와 같은 일련의 과정이 그렇게 이상하게 느껴지지 않으니, 안경을 쓰면 더 똑똑해 보이는 것도 나름대로 합리적인 추론으로 보인다.

안경을 둘러싼 또 하나의 미신 같은 이야기가 있다. "교수님, 왜 면접 때에는 안경을 쓰고 가면 안 되나요?" 지도하던 학생이 면담 시간에 던져온 질문이다. 이야기를 들어보니, 여학생들 사이에서는 취업 면접 때 안경을 쓰고 가면 안 된다는 이야기가 도는 것 같았다. 면접 때 안경을 쓰면 안 되는 걸까? 안경이 어떤 인상을 주기에? 사실 안경은 우리의 인상에 영향을 꽤 많이 미친다.

안경이 인상에 끼치는 영향에 대해서는 상당히 많은 연구가 진행되어 왔다. 1987년의 연구에 의하면 젊은 남녀가 안경을 착용한 경우 매력은 줄어들지만, 더 지적으로 보인다고 한다.[79] 이와 비슷한 결과를 보이는 연구가 상당수 있었다. 전반적으로 안경을 쓰면 더 지적이고, 높은 수준의 교육을 받은 것 같고, 더 능력 있어 보인다.[80] 반면 안경을 쓰면 매력은 떨어지는 것으로 보이는데, 특히 이 효과는 남성보다 여성에게 더 강하게 적용된다.[81][82]

이런 연구 결과는 국내에서도 공통적으로 발견된다. 여성이 안경을 착용하면 학업이나 업무 능력 평가에서는 긍정적인 효과를 받지만, 온화함이나 이타성 같은 성격 평가에서는 부정적인 영향이 있고, 매력도 더 낮게 평가받았다. 그래서 우리는 매력적으로 보이고 싶은 장소에서는 안경 대신 렌즈를 끼고, 능력을 어필하고 싶은 자리에서는 안경을 쓴다.

안경이 이런 효과를 보이는 주요 원인으로는 사회적 인식의 영향을 꼽는다. '공부를 열심히 하면 눈이 나빠져서 안경을 쓸 확률이 높고, 그런 사람들이 일반적으로 유능한 경향이 있다'는 편견이나, '안경을 쓰는 사람은 자신의 얼굴을 가꾸려는 노력을 하지 않는다'라는 선입견이 작용한다는 이야기다.

하지만 이런 사회적 인식을 고려하지 않더라도, 안경 그 자체가 매력을 낮춘다는 주장도 있다. 안경을 쓰면 렌즈의 굴절 때문에 눈이 작아 보인다. 눈은 크면 클수록 더 매력적으로 지각되니, 눈이 작아지면 매력이 낮아질 것이다. 만화에서나 나올 법한, 안경 하나 벗었더니 매력이 급격히 올라가는 연출이 현실일 수도 있다는 이야기다.

그런데 안경이 매력을 낮춘다는 이야기를 듣고 있으면 고개를 갸웃하게 된다. 최근에는 안경을 액세서리로 즐겨 이용한다. 패션 안경이라는 말도 있고, 심지어 안경알을 빼고 안경테만 착용하고 다니는 사람들도 많다. 이들이 그저 지적인 이미지를 강조하고 싶어서 안경을 쓰는 것은 아닐 것이다. 분명 안경을 쓴 얼굴이 더 낫다고 경험적으로 느꼈기에 안경을 액세서리로 선택했을 텐데, 안경을 쓰면 매력이 떨어진다니? 안경을 패션으로 사용하는 사람들은 안경을 쓰면 매력도가 높아진다고 주장하고 있는 셈이다.

사실 일부 연구는 이 주장과 궤를 함께한다. 안경이 매력도를 높여준다는 연구도 있다. 이 연구들은 안경과 대칭성의 관계에 주목한다. 얼굴의 좌우가 대칭이면 매력도가 높아진다. 안경은 얼굴을 더 대칭적으로 보이도록 만들어준다. 얼굴은 좌우가 완벽하게 대칭인 경우가 거의 없다. 하지만 안경은 정확하게 좌우 대칭이기 때문에 안경을 착용하면 얼굴이 더 대칭에 가까워지고, 그 결과 얼굴 매력이 더 높아진다는 것이다. 선글라스를 착용하면 신뢰도는 낮게 평가되지만 매력은 높아진다는 연구 결과가 있다. 이 경우도 선글라스가 얼굴의 대칭 정도를 높여주기 때문에 일어나는 현상으로 설명된다.

안경이 얼굴의 잡티 등을 가려주는 역할을 한다는 주장도 있다. 아마도 휴일에 민낯으로 잠시 동네 외출을 할 때 안경을 쓰는 사람이라면 이 주장에 쉽게 동의할 것이다. 크고 두꺼운 뿔테 안경을 쓴다면 일단 얼굴 면적에서 가려지는 부분이 많고 얼굴을 얼핏 봤을 때 안경으로 시선이 집중되기 때문에, 피부를 주의 깊게 보지 못할 수도 있다. 이런 점을 생각하면 안경으로 매력도를 좀 더 끌어올릴 수도 있을 것이다.

안경 착용이 매력을 떨어뜨린다는 연구 결과가 지금도 적용될 수 있는지 의문을 표하는 사람들도 많다. 대부분의 사람이 시력이 나쁘고 콘택트렌즈를 사용하거나 수술로 시력을 교정하는 일이 흔해진 환경을 고려하면, 안경에 대한 사회적인 인식이 변했을 수도 있다. 실제로 최근에 진행된 안경의 효과 연구들은 기존과는 다른 결과를 보여준다. 안경이 매력에 그다지 영향을 끼치지 않는다는 것이다. 마찬가지로 신뢰성과 유능감에도 안경이 크게 영향을 끼치지 않았다.

안경 착용에 효과가 없다는 말은 안경을 쓰나 안 쓰나 타인의 평가에 차이가 없다는 것만을 의미하는 것은 아니다. 안경의 효과가 일관적이지 않다는 말도 된다. 어떤 사람은 안경을 쓰면 매력도가 더 높아지는데, 어떤 사람은 안경이 매력을 떨어뜨린다는 뜻이다. 요즘 말로 '케바케(케이스 바이 케이스)'다.

안경을 연구하기란 생각보다 어렵다. 너무나도 다양한 종류의 안경이 있어서 연구 결과를 일반적인 상황에 적용시키기가 쉽지 않기 때문이다. 즉 동그란 금테 안경과 각진 뿔테 안경의 효과가 동일하다고 가정하기 어렵다. 따라서 안경이 유능감은 더 높게, 매력도는 더 낮게 만든다는 기존의 연구 결과를 맹신할 필요는 없다.

아, 그래서 면접 때 안경을 쓰는 게 좋으냐고? 기업의 인사 관계자들을 만나서 물어보면, 대부분의 경우 안경을 썼는지 아닌지 신경 쓰지 않는다는 반응이 많다. 물론 첫인상은 판단에 무의식적으로 영향을 미치기 때문에 그들의 대답이 진실이라는 보장이 없기는 하다. 그래도 나라면 안경을 쓸지 말지를 심각하게 고민하지는 않을 것이다. 안경이 나의 이미지에 영향은 주겠지만, 그깟 안경이 주는 이미지 하나로 나의 가치를 알아주지 못하는 회사라면, 별로 다닐 필요가 없지 않을까?

나도 안경을 쓴다. 꽤 여러 개의 안경을 구비해 놓고, 그날그날의 일정과 기분에 따라서 다른 안경을 착용한다. 어떤 안경은 내 얼굴이 더 똑똑해 보이는 것 같고, 어떤 안경은 더 젊어 보이게 만드는 것 같고, 어떤 안경은 더 활기차 보이게 만드는 것 같다. 다양성이 주류인 시대, 굳이 안경을 쓰면 더 지적으로 보이고, 안 쓰면 더 매력적으로 보인다는 법칙 하나에 얽매일 필요는 없다. 요즘 유명한 어느 배우가 한 말이 떠오른다.

"그냥 아무거나 입고 버텨. 그럼 그게 패션이야!"

얼굴이 변화에 적응하는 시간
얼굴 표상의 가소성

　나는 태어나면서부터 '최훈'이었다. 엉금엉금 기어다닐 때도, 귀여운 초등학생일 때도, 여드름이 덕지덕지 났던 중고등학교 때에도, 술에 취해 길바닥을 전전하던 대학생 때에도, 그리고 이제 교수라고 전문가랍시고 폼 잡고 다니는 오늘도 여전히 '최훈'이다. 그 기간 동안 내 얼굴은 계속 바뀌었다. 어릴 때는 귀여웠을 것이고, 중고등학생 때는 징그러웠을(?) 것이고, 대학교 때는 (친구들은 인정하지 않겠지만) 싱그러웠을 것이고, 지금은 늙었을 것이다. 그럼에도 나는 여전히 '최훈'이다.

　내 얼굴은 계속 변한다. 변하지 않으려고 하는 것이 더 어렵다. 노화를 굳이 언급하지 않더라도, 지금 이 순간에도 나는 변하고 있다. 얼굴 근육을 움직여 표정을 짓고, 말을 하면서 입을 여닫고, 눈을 깜박인다. 얼굴은 현재 진행형인 자극이다. 그에 반해 나라는 신원, 정체성은 불변한다.

얼굴이 전해주는 가장 기본적인 정보는 신원 정보다. 신원을 알아차리는 일은 기본 중의 기본이지만 결코 쉽지 않은 작업이다. 계속 변화하는 자극과 불변하는 신원을 연결하는 것이다. 어렵다. 그런데 신기하게도 우리 인간은 이걸 잘한다.

최근 과학 및 의학, 화장술이 발전하면서 얼굴을 변화시킬 수 있는 새로운 방법이 생겼다. 이 방법들은 가끔은 신원과 관련된 가장 핵심 정보라고 할 수 있는 배열 정보까지 흐트려놓는다. 의학의 힘을 빌려 앞트임 뒤트임으로 눈의 위치를 옮기고, 콧대를 높이거나 길게도 만든다. 스모키 화장을 하면 눈의 크기를 키우면서 동시에 배열 정보도 바뀐다. 립스틱으로 오버립 화장을 하면 입술의 형태와 배열이 뒤틀린다. 이렇게 얼굴이 급격하게 변하면, 배열 정보로 신원을 확인하기가 어려워진다.

그런데 사실 우리는 이런 변화에 쉽게 적응한다. 성형 수술을 한 지인을 만나면 처음에는 정말 어색하다. 다른 사람을 본 것 같은 느낌이 든다. 하지만 몇 번 더 만나면, 어느 순간 바뀐 얼굴에 익숙해진다. 심지어 과거의 모습이 떠오르지 않기도 한다. 이럴 때 우리는 흔히 "얼굴이 자리 잡았네"라고 한다.

이러한 적응의 원인은 무엇일까? 물리적으로 얼굴의 요소들이 제 위치를 찾아가 생기는 현상일 수도 있겠다. 성형이나 시술을 받으면, 어쨌건 얼굴의 근육 혹은 구조가 직접적으로 충격을 받으니 해당 부위가 부을 수도 있고, 근육이나 신체 구조의 위치가 일시적으로 뒤틀렸을 수도 있다. 시간이 지나 이런 문제들이 해결되어 수술 직후의 어색함이 없어지는 게 아닐까? 이런 내용은 의사들이 더 잘 설명할 만한 내용으로, 의학 전문가가 아닌 내가 말할 성질의 것은 아닌 것 같다. 나는 내 전공, 지각 심리학 차원에서 설명해 보려고 한다. 왜 우리 마음은 바뀐 얼굴에 쉽게 적응하는 걸까?

우리가 변화하는 얼굴에서 불변하는 신원을 찾아내는 과정을 조금 더 살펴보자. 내가 TV 너머로 어느 유명인을 보았다고 치자. 나는 그 사람의 모습에서 그의 신원과 관련된 정보를 추출할 것이다. 이때는 아직 그 사람이 누구인지 모르는 상태다. 머릿속의 인명사전에서 내가 파악해낸 정보와 맞는 사람을 검색할 것이다. 여러 명의 후보자가 나올 것이고, 그중 가장 일치도가 높은 사람을 그 모습과 연결할 것이다. 이때 내 머릿속 인명사전에 저장되어 있는 이미지 정보가 표상이다.*

표상은 얼굴에만 해당하는 개념은 아니다. '기타'를 떠올려 보자. 어떤 모양이 떠오르는가? 내 마음에 저장된 모양. 그 모양이 기타의 대표적인 이미지, 즉 표상이다. 표상은 사람마다 다를 수 있다. 어떤 사람은 통기타를, 어떤 사람은 전기 기타를, 어떤 사람은 베이스 기타를 떠올렸을 것이다.

---

* 표상의 정확한 정의는 좀 다르다. 지금은 독자의 이해를 위해 간략하게 설명했다.

우리 마음 속에는 누군가의 얼굴에 대한 표상도 있다. '아이유' 하면 떠오르는 모습. 무대에서 화려한 옷을 입고 노래를 부르고 있든, 옛날 교복을 입고 꽃밭에 서있든, 민박집에서 서빙을 하고 있든, 당신이 떠올린 바로 그 모습이 아이유의 표상이다. 우리는 사람마다 다른 표상을 가지고 있다.* 아이유에 대한 표상, 박보검에 대한 표상, BTS 각 멤버들에 대한 표상들이 내 머릿속 인명사전에 저장되어 있는 것이다.

그런데 이 표상은 고정형이 아니다. 경험에 따라 계속 변화한다. 잠시 앞에서 봤던 코가 길어 슬픈 모나리자를 떠올려 보자(202페이지 참조). 코가 긴 모나리자를 보고 나면, 순간적으로 원래 모나리자의 그림을 찾기가 어려웠던 것이 기억날 것이다. 순응 효과는 얼굴 표상의 변화를 체험하게 해준다. 내가 가지고 있었던 모나리자의 표상은, 모나리자와 매우 흡사하지만 코의 길이가 완전히 달랐던 새로운 모나리자에 의해 변화한다. 코가 좀 길어졌어도 모나리자라고 판별되기 때문에, 코가 긴 모나리자는 기존의 표상 안으로 들어와서 표상을 업데이트한다.

새로 입력된 모습이 기존의 표상을 바꾼다는 것이 어색하게 들리는가? 노화의 진행 과정을 생각해 보자. 나는 어제보다 오늘 더 늙었는데, 어제의 모습으로 되돌아가기는 힘들다. 그렇다면 지금

* 이 부분에 대해서는 논쟁이 있다.

의 모습으로 표상을 업데이트하는 것이 더 편할 것이다.

물론 표상을 완전히 변화시키기 위해서는 반복적인 노출이 필요하다. 긴 코 모나리자의 예에서 봤듯이, 순응 효과는 매우 짧은 시간만 유지된다. 만일 긴 코 모나리자가 지속적으로 계속 노출되었다면, 그리고 내가 볼 수 있는 모든 모나리자 그림이 긴 코 모나리자로 바뀐다면, 모나리자의 표상도 영구적으로 바뀔 것이다.

눈썹 화장을 하지 않고는 밖에 나가지 않는 사람들이 있다. 눈썹이 자신감이라는 말도 하고, 눈썹 화장이 자신의 분신이라는 말도 한다. 그 사람들은 눈썹을 그리지 않은 자신의 민낯이 더 어색할 것이다. 눈썹이 그려진 얼굴을 더 많이 보다 보니, 자신에 대한 표상에서 자신의 눈썹이 진하기 때문이다.

성형 수술을 한 타인도 처음 보면 내 마음속에 있는 그 사람에 대한 표상과 바뀐 그 사람의 모습이 일치하지 않아 낯설다. 하지만 지속적으로 그 사람을 보다 보면 내 마음속 표상에 변화가 생긴다. 표상이 그 사람의 현재 모습으로 업데이트되어 익숙해진다. 흔한 말로 '눈이 적응한' 셈이다.

새로운 화장법을 시도해 보고 싶거나, 긴 머리를 싹둑 자르고 싶거나, 성형을 하고 싶을 때 어색할까 봐 지나치게 걱정할 필요는 없을 것 같다. 우리의 뇌는 당신의 변화를 받아들여 줄 만큼 융통성이 있으니. 단, 약간의 시간은 필요하다. 내 마음속 표상이 변한 당신의 모습을 온전히 받아들일 때까지 걸리는 시간.

마스크를 벗어 던지다
가림의 과학

먼 훗날 2020년은 어떻게 기억될까? 코로나-19라는 낯선 용어가 일상이 된 시대. 세상을 하나로 연결할 듯이 확장하던 인간의 욕망이 멈춰버린 시대. 아마도 '단절의 시대'로 정의되지 않을까 싶다. 전염병으로 인해 모든 게 '언택트'로 바뀌었다. 만남은 화상으로 대체되었다. 난관을 뚫고 다른 사람을 만나더라도, 단절을 만드는 또 다른 장애물이 있었다. 바로 마스크다.

마스크는 사람 간의 상호작용을 막는다. 얼굴에서 얻을 수 있는 정보들을 없애기 때문이다. 대화를 할 때 얼굴은 매우 많은 정보를 준다. 그 사람의 신원, 현재 감정, 말까지.

입 모양은 말소리를 알아듣는 데 영향을 준다. 컴퓨터로 동영상을 보다가 영상과 음성의 싱크가 맞지 않아 혼란스러운 경험을 해본 적 있을 것이다. 들리는 소리와 입 모양이 일치하지 않으면 소리 자체가 다르게 지각될 수도 있다. 연기자가 '가'라고 발음하는 모습을 비디오로 찍고, 여기에 '바'라고 하는 음성을 싱크에 맞게 입힌 후 동영상을 틀면, 입술 모양은 '가', 소리는 '바'에 해당하지만 실제로는 '다'라고 들린다. 즉 '가'에 해당하는 시각 정보와 '바'에 해당하는 청각 정보가 동시에 제공되면, 우리는 '다'라는 말소리로 지각한다는 것이다. 이를 '맥거크McGurk 효과'라고 한다.

이렇듯 입 모양이 말소리 인식에 큰 영향을 끼치는데, 마스크를 끼고 있으면 입 모양 정보가 없어서 말소리를 알아듣기 힘들다. 이 때문에 코로나 시기 어린이들이 말 배우는 속도가 느려졌다는 말도 많았다. 마스크로 인해 입 모양을 보지 못하니 언어 습득이 늦어졌다는 주장인데, 맥거크 효과를 생각해 보면 매우 설득력 있는 주장이다.

그렇다고 마스크 없이 대화하려고 화상 회의를 고집하는 것도 문제가 있다. 소통은 말로만 이루어지는 것이 아니기 때문에 얼굴이 화면에 보인다고 해서 모든 문제가 없어지지는 않는다. 실제로 줌 피로감Zoom Fatigue이라는 용어까지 나올 정도로 화상으로 오랜 시간 이야기를 하고 나면 필요 이상의 피로감을 느끼기도 한다.

마스크는 여러 어려움을 가져오지만 그중 상대방의 신원을 확인하기 어렵다는 게 가장 큰 문제다. 우리는 눈, 코, 입이 포함된 얼굴 전체를 하나의 묶음으로 처리해서, 특히 배열 정보를 중심으로 상대방의 신원을 확인한다. 그런데 마스크를 쓰면 하관 쪽 배열 정보가 제공되지 않으니, 신원을 확인하는 것이 어려워진다. 괜히 유명 연예인들이 비밀리에 움직일 때 마스크를 쓰는 것이 아니다.

팬데믹 초기인 2020년에 SBS 연예대상 시상식이 화제가 되었다. 코로나로 평상시와 같은 시상식 진행은 불가능했고, 시상 및 수상을 위해 참석한 참가자들도 마스크 착용이 필수가 되었다. 제작진이 내놓은 해결책은, 각 참가자들의 얼굴 하관이 프린트된 마스크를 제작해 착용시키는 것이었다. 아마도 감춰진 코와 입, 그리고 턱을 보여주면 시청자들이 쉽게 누구인지 확인할 수 있을 것이라고 믿었던 것 같다. 반응은… 제작진에게는 미안하지만, 더 이상하고 알아보기 힘들었다는 평이 많았다. 자연스러운 사람이 있긴 했지만, 대부분은 더 어색하고, 신원을 확인하기 더 어려웠다.

이는 너무나도 당연한 결과이다. 얼굴 인식에는 이목구비의 배열 정보가 더 중요한데, 그냥 일괄적으로 마스크에 하관을 프린트해 버린 결과, 배열 정보가 엉켰다. 만일 마스크에 하관을 프린트할 때 그 사람의 얼굴 비율을 고려했다면, 그렇게까지 어색하지는 않았을지도 모른다. 물론 그래도 여전히 어색하긴 했을 것이다. 시상을 앞두고 눈은 긴장했는데 입만 밝게 웃고 있었을 테니. 유기적으로 움직이는 얼굴에 단절이 생긴 것은 분명하다.

마스크는 표정을 해석하는 데에도 어려움을 만든다. 표정을 해석하기 위해서는 얼굴 근육들의 움직임을 봐야 하는데, 마스크로 큰 근육들이 많이 가려지기 때문에 표정을 지각하는 데 어려움이

있다.[83]

물론 '눈으로 욕하다'라는 표현이 있는 것처럼 표정 인식에 있어서는 전역적 처리 못지않게 세부 특징 처리도 중요한 역할을 한다. 그래서인지 최근 연구는 마스크를 쓴 얼굴을 보고 어느 정도 표정을 해석할 수 있었다고 보고했다.[84] 어린이들을 대상으로 한 연구였는데, 마스크를 쓴 얼굴의 표정을 맞추는 과제를 줬을 때, 그냥 찍는 것보다는 정확률이 월등히 높았다.

다른 연구에 따르면 마스크를 쓴 얼굴을 볼 때, 분위기 같은 전체적인 정보보다 눈 분위의 시각 정보를 더 많이 활용해서 표정을 지각한다고 한다.[85] 하지만 마스크를 쓰지 않는 경우와 비교하면 정확도가 1/3 수준으로, 그렇게 높다고는 할 수 없다. 그러니 마스크가 표정 인식에 얼마나 큰 어려움을 주는지를 시사한다.

이처럼 마스크 착용은 얼굴 정보 처리에 큰 영향을 끼친다. 얼굴에 있는 정보를 차단하니까 얼굴 정보 인식에 한계가 있을 수밖에 없다. 하지만 흥미로운 점이 있는데, 우리의 시각 시스템은 가려진 정보를 알아차리는 데 매우 능숙하다는 것이다.

다음 두 그림을 보자. 왼쪽 그림을 보면 회색의 조각조각들이 있을 뿐 무엇인지 전혀 알 수가 없다. 하지만 오른쪽 그림을 보면 회색 조각들이 영어 알파벳 R의 일부분이라는 것을 알 수 있다. R 네 개가 놓인 그림이라는 점을 이해하는 데 아무런 어려움이 없다.

세상은 복잡하다. 수많은 사물들이 내 주변에 가득하다. 실제

로 우리가 하나의 사물을 온전히 다 보는 경우는 별로 없다. 무엇이 다른 것을 가린 형태로 더 자주한다. 이러하니 우리 인간의 시각 시스템은 가려진 물체를 파악하는 특별한 능력을 갖춘다. 채워 넣기filling-in라고 부르는 이 방식은 가려진 물체의 원형을 추론하는 능력을 말한다. 위 그림에서 가려진 알파벳 R의 부분을 복원하는 능력도 이 채워 넣기의 일종이다.

그런데 이 채워 넣기가 쉽지 않은 대상이 바로 사람 얼굴이다. 앞에서 언급했듯이 다른 사물들은 세부 특징 기반 처리에 의존하는 반면에 사람의 얼굴은 전역적 처리를 하기 때문에, 일부분이 가려지면 전역적 처리에 필수적인 배열 정보를 얻을 수 없기 때문이다.

이렇듯 마스크를 쓰면 신원 확인도, 표정 확인도 어렵다. 그럼 마스크를 착용한 얼굴을 보는 사람들의 마음속에는 어떤 감정이 싹틀까? 갑자기 어떤 사람이 내 앞에 나타났는데, 누군지도 모르겠고, 어떤 표정을 짓는지도 모르겠다면 어떻겠는가? 긍정적이지는 않을 것이다. 실제 마스크를 쓴 얼굴에 대해서는 친밀감, 신뢰도, 및 호감도가 떨어지는 경향이 있다.[86] 주로 범죄자들이나 나쁜 일을 하는 사람들이 못된 짓을 할 때 마스크를 쓰는 경향이 있기 때문에 마스크 착용 자체가 부정적인 감정을 불러일으키기도 했을 것이다.

하지만 최근 미세먼지와 코로나로 인해 마스크 착용이 일상화되면서 마스크도 일종의 패션 아이템이 되어가고 있다. 과거에 흰색 혹은 검은색 마스크만 존재했다면, 최근엔 각종 화려한 색의 마스크도 나왔고 디자인도 더 얼굴형에 맞춰 예뻐졌다. 그렇다면 개선된 마스크의 색상과 디자인이 마스크 착용으로 발생하는 부정적인 정서를 감소시킬 수 있지 않을까?

최근 연구들을 보면 그리 긍정적이지는 않다. 다양한 디자인과 색상의 마스크를 착용해도 마스크로 가려진 표정을 인식하는 데는 도움이 되지 않는다.[87] 마스크 착용자에 대한 평가도 그렇게 달라지는 것 같지는 않다. 여전히 신원과 표정의 모호함은 부정적인 평가를 만든다. 하지만 마스크를 쓴 이유가 코로나 같이 질병과 연관되어 있음을 알리면 이런 부정적인 평가가 완화된다고 한다.

마스크는 여러모로 대인 간 상호작용에 부정적인 영향을 준다. 하지만 일종의 사이드 이펙트로 좋은 점을 제공해 주기도 한다. 마스크 때문에 자유를 얻었다는 말처럼, 마스크가 신원 공개를 막기 때문에, 익명성의 자유를 만끽할 수 있다.

그리고 또 다른 장점이 있는데, 마스크가 얼굴 매력을 높여준다는 것이다. 마스크를 쓰면 실제 얼굴을 볼 때보다 더 잘생겨 보인다고 한다. '마기꾼'이라는 말이 있다. 마스크+사기꾼의 합성어로 마스크를 착용한 얼굴이 잘생겨 보였는데, 마스크를 벗으니 실망스러웠을 경우에 사용된다. 이런 경험이 있었으니 용어도 나왔을 것이다. 이 현상은 과학적으로 검증되어 있기도 하다.

마스크를 착용하면 얼굴을 민낯일 때보다 더 매력적으로 지각한다.[88] 얼굴 매력의 핵심 요소는 눈, 코, 입의 전반적인 배열 정보다. 말 그대로 배열 미남이 진짜 미남이다. 그런데 마스크로 배열 정보가 확인이 안 되니, 평상시와는 다르게 세부 특징 기반 처리를 통해 매력을 판단하게 될 것이다. 마스크를 쓰면 눈만 보이니, 눈 모양새의 매력에 따라 얼굴의 매력을 판단하게 될 것도 같지만, 아직 이 부분은 연구로 확인되지 않았다.

일단 얼굴의 하관을 가리는 것이 얼굴 매력의 판단에 긍정적인 영향을 끼치는 것은 맞는 것 같다. 일반 종이로 하관을 가리면, 매력도가 더 높게 지각된다. 왜일까? 하관이 매력적이기가 쉽지 않아서? 얼굴 매력이 배열 정보에 의해 결정된다는 사실을 생각해보면 이와 같은 주장은 옳다고 할 수 없을 것이다. 연구자들은 대칭성에 주목해서 설명한다. 대칭은 매력에 영향을 미치는 요인이다. 좌우 얼굴이 더 대칭적일수록 얼굴의 매력도는 상승한다. 그런데 마스크는 공산품이라 좌우가 아주 반듯하게 대칭이다. 따라서 마스크를 착용하면 대칭도가 올라가고, 이 결과 얼굴 매력도가 상승한다는 것이다. 비슷한 이유로 선글라스를 착용할 때도 매력도가 상승한다는 연구 보고가 있다.

그런데 흥미로운 점은 마기꾼이 코로나 사태 이전에는 존재하기 힘들었다는 점이다. 위에서 말한 대로 마스크는 기본적으로 부정적인 정서를 유발하니 마스크 착용이 매력도 측면에서 장점이 없었다. 실제로 코로나 이전에는 마스크를 쓴 얼굴에 대해 더 높은 매력을 느끼지 않았다. 하지만 코로나 이후에 마스크를 착용한 얼굴에 대해서 매력도가 더 높아졌다.[89] 코로나 이전에는 마스크에 대한 부정적인 이미지가 있다 보니, 마스크를 써도 가림으로 인한 매력도 증진이 적용되지 않았다. 하지만 코로나 유행 이후에는 마스크 착용에 긍정적인 이미지가 생겨났고, 그 영향으로 매력도 증진이 관찰되는 것으로 보인다.

마스크 착용이 필수가 된 팬데믹 시기는 시지각 연구자들에게는 새로운 도전의 시기였다. 배열 정보가 없는 경우에 얼굴 정보 인식에 오류(얼굴 인식 실패이든, 마기꾼이든 일단 정확하게 정보 처리가 안 된다는 점에서는 오류가 맞다)가 발생할 수 있다는 점은 다 알고 있었으니, 새로운 결과는 아니었다. 마스크 착용의 일상화가 우리가 가진 얼굴 정보 처리 방식에 변화를 불러 일으킬 수 있을까 하는 궁금증을 불러일으켰다.

대부분의 지각 심리학자들은 인간의 적응 능력을 믿는다. 우리가 지금 가지고 있는 지각 시스템은 오랜 진화의 역사에서 생존 가능성을 높여주는 방식으로 구성되었다고 본다. 환경에 적응하도록 변화해 왔다는 것이다. 문자는 인류 역사에서 비교적 오래되지 않은 발명품이다. 하지만 인류는 의사소통의 수단으로 문자를 적극적으로 사용했고, 그 결과 짧은 역사에도 불구하고 우리 뇌는 문자를 따로 전담하는 영역을 갖추게 되었다.

그러니 비교적 오랜 기간 마스크 착용된 얼굴을 보는 연습을 강제적으로 하게 된다면, 전역적 처리에 의존하는 얼굴 처리 방식에 변화가 오지 않을까? 그래서 최근 다수의 연구들이 마스크를 착용한 얼굴 정보를 처리하는 것에 초점을 두어 진행되었다.

결과는 그렇게 썩 기대에 부응하지는 않았다. 세부 특징 정보를 어느 정도 더 활용하게 되었다는 결과를 보고하는 연구도 있지만,[90] 그래도 여전히 마스크를 착용한 얼굴 정보를 처리하는 정확도는 부족하다. 물론 마스크 착용이 외부 활동에서만 필수였고, 가장 많은 사회적 상호 작용이 일어나는 가정에서는 필수가 아니었다는 점, 마스크를 벗고 하는 비대면 접촉이 많이 있었다는 점, 마스크 착용에 거부감을 보이는 문화권이 많았다는 점 등을 고려해야 한다. 그럼에도 불구하고 오늘 여전히 마스크를 착용한 얼굴을 보고 그 사람이 누구인지, 어떤 표정을 짓고 있는지 알아차리기 어려워하는 우리의 현실을 보면, 굳이 연구 결과를 더 찾아보지 않아도 그 결과를 알 수 있을 것 같다.

  코로나-19로 인해 생각이 단절된 시대. 그 시대가 우리의 얼굴을 바라보는 방식을 바꾸지는 못했다. 그 대신 우리는 규제가 느슨해지자마자 마스크를 벗어 던졌다. 그만큼 우리가 서로의 얼굴을 보고 싶어 하는 욕구가 대단했기 때문이리라. 팬데믹이 알려주었던 것은 우리가 얼굴을 특별하게 생각하고 있다는 것이 아니었을까.

7장

0.1초가 만든 족쇄, 첫인상

첫인상은 대통령도 바꾼다
첫인상의 시간

과거에 뿌린 씨앗은 내가 원치 않은 시간에 열매가 되어 돌아온다.

"훈아, 오랜만이다. 요즘도 술 취해 길거리에서 공연하냐?"

오랜만에 만난 대학원 선배가 날 보자마자 웃으며 말했다.

"아휴, 그건 소싯적이죠."

대학교 때 노래방이 유행이었다. 친구들과 노래방에 출근 도장을 찍으며 다녔고, 참 잘 놀았다. 그러다가 마음 고쳐먹고 열심히 공부하기 시작했고 대학원에까지 입학했는데, 선배들이 신입생 환영회를 한단다. '신입생 환영회=장기 자랑'이라는 공식이 있던 시절이다. 함께 입학한 동기 녀석과 함께 당시 유행하던 HOT의 〈캔디〉를 안무까지 맞춰서 호프집 바닥에서 공연을 했었다. 이후로 자연스럽게 나와 동기는 대학원의 오락부장이 되었다. 지도 교수님이 유학 추천서에 내가 잘 논다는 말을 쓰기까지 했다는 우스갯소리도 있다. 그 이미지가 지금도 유지되었는지, 아직도 나를 만나는 대학원 선배들은 '최훈=잘 노는 녀석'이라는 도식에서 벗어나지 않는다.

"첫인상이 중요하다"라는 말에 대해 추가적인 설명이 필요할까? 아마도 모든 사람들이 고개를 끄덕일 수밖에 없을 것이다. 앞에서 말했던 '찰나의 판단'이라는 개념에서 알 수 있듯이 우리는 짧은 순간에 보이는 정보만으로도 많은 것을 알아낼 수가 있다. 이렇게 알아낸 정보들을 하나의 이미지로 만든 것이 '첫인상'이다.

첫인상의 영향력은 막강한데, 이를 실험을 통해서 보여준 연구들도 매우 많다. 브래드 부시맨Brad Bushman이 진행한 실험에서 연기자는 정갈한 유니폼과 후줄근한 옷을 번갈아 입으며 지나가는 사람들에게 도와달라고 부탁했다. 연기자가 정갈한 유니폼을 입었을 때에는 많은 사람들이 원하는 도움을 주었지만, 후줄근한 옷을 입었을 때는 우호적인 반응을 얻지 못했다.[91] 입고 있는 의상이 만들어내는 첫인상에 따라 나를 향한 태도와 행동이 달라지는 것이다.

첫인상은 다양한 요인들의 합으로 만들어진다. 연령, 문화, 언어, 성별, 인종, 말의 억양, 목소리 톤, 몸의 자세, 행동 등의 특징들이 짧은 시간에 통합되어서 만들어지는 마음의 이미지가 첫인상이다. 그중 첫인상 형성에 가장 강력한 영향력을 미치는 것은 아무래도 시각적인 측면, 즉 보이는 것들이다.

1960년에 열린 미국 대통령 후보들의 첫 TV 토론은 시각적인 이미지가 얼마나 강력한 효과를 발휘하는지를 보여주는 사건이다. 당시 대통령 선거에는 공화당에서 리처드 닉슨이, 민주당에서 존 케네디가 각각 후보로 나왔다. 당시 닉슨은 서민 출신이지만 하버드를 졸업하고 능력을 인정받아 부통령이 된 자수성가형 인재였던 반면, 케네디는 부잣집 출신으로 정치력보다는 결혼 등의 가십으로 더 유명했던 41세의 젊은 정치인이었다. 당시 전문가들은 닉슨이 무난히 승리할 것이라고 예상했다.

그런 상황에서 케네디는 승부수를 던졌는데 바로 TV 토론이었다. 이전까지의 대선 토론은 라디오로만 진행되었다. 케네디가 역사상 최초의 TV 토론을 제안했고, 닉슨이 이를 받아들였다. 토론 능력이 좋기로 유명했던 닉슨으로서는 굳이 거부할 필요가 없었을 것이다. 그러나 TV 토론은 선거의 전환점이 되었다. TV 토론 이후로 케네디의 지지도가 급등했다.

케네디가 TV 토론에서 승리한 이유는 여러 가지가 있겠지만, 시각적 이미지를 잘 사용했기 때문이라는 평가가 일반적이다. 케네디는 흑백 TV 시청자가 대부분이라는 점을 고려하여 흑백 TV에서도 선명하게 보이도록 검은색 정장과 파란색 셔츠를 입어서 더 전문적이고 능력 있는 이미지를 심었다. 토론 내내 상대방만을 바라보았던 닉슨과 달리 케네디는 카메라를 지속적으로 응시하며 유권자와 대화를 나누는 것 같은 이미지를 만드는 데 성공했다. 세계 최초 TV 토론의 성적표는 너무 명확했다. 누군가는 이렇게 평했다. "라디오에서는 닉슨이 승리한 토론, TV에서는 케네디가 승리한 토론." 결국 케네디가 대통령이 되었다.

케네디나 닉슨이나 한 나라의 대통령으로 출마한 사람들이니, 이 결과가 첫인상과는 크게 연관이 없어 보일 수도 있다. 하지만 이와 비슷한 선거 상황에서 첫인상의 역할을 잘 보여주는 연구가 있다.[92] 2004년 미국에서는 국회의원 선거가 있었다. 알렉산더 토도로프Alexander Todorov와 연구진은 대학생들에게 후보자 두 명의 사진을 보여주었다. 그 후보자들을 알고 있는 대학생은 실험에서 제외했기 때문에, 실험에 참가한 대학생들은 그 두 후보자가 누구인지 전혀 모르는 상황이었다. 토도로프는 학생들에게 그 두 후보자 중에서 누가 더 능력 있어 보이는지 물었다. 그리고 그 답변이 얼마나 실제 선거 결과와 일치하는지 확인했다.

학생들의 답변은 선거 결과와 놀랍도록 일치했다. 정확하게는 70%의 정확률을 보였다. 선거에는 수많은 변수들이 작용한다. 두 후보의 소속 당, 언변, 경력, 공약, 지지자, 둘러싼 여러 뉴스 등이 영향을 끼칠 것이다. 그럼에도 매우 짧은 시간 사진, 그러니까 외모만을 보고 형성한 첫인상이 실제 선거 결과와 비교적 높은 일치율을 보였다. 우리가 다른 사람에 대해 내리는 판단이 얼마나 첫인상에 영향을 많이 받는지를 잘 보여준다.

이렇게 첫인상은 우리 판단에 강한 영향력을 발휘한다. 첫인상을 형성하기 위해 필요한 시간은 얼마나 될까? 앞에서 '찰나의 판단'을 이야기할 때, 30초면 얼굴을 보고 성격을 비교적 꽤 정확하게 판단할 수 있다고 했다. 하지만 30초도 첫인상을 형성하기에는 너무 긴 시간이다. 어떤 연구자는 3초면 처음 만난 사람에 대한 결론을 내리기에 충분하다고 했다. 3초. 그 짧은 시간에.

그런데 최근 연구들에 따르면 3초까지도 필요 없다. 필요한 시간은 0.1초뿐이다. 우리는 0.1초 만에 상대방의 첫인상을 형성한다.

앞서 등장했던 토도로프는 낯선 사람의 얼굴을 보여주고 그 사람에 대한 성격을 판단하도록 했다.[93] 물어본 성격 요인은 호감도likeability, 유능성competence, 신뢰성trustworthiness, 공격성aggressiveness, 그리고 매력attractiveness이었다. 일부 사람들에게는 사진을 딱 0.1초만을 보여주고 이 5가지 성격 특성을 평가하라고 했다. 반면 다른 사람들에게는 사진을 시간제한 없이 무제한으로 보여주고 평가하라고 했다. 그 결과 사진을 0.1초 보여주었을 때나 무제한으로 보여주었을 때나 별 차이가 없었다. 첫인상 형성에는 0.1초면 충분했던 것이다.

이렇게 정말 눈 깜짝할 사이에 첫인상이 형성되는 것은 여러 가지 측면에서 이해할 만하다. 우리는 생존 확률을 높이는 쪽으로 행동하고 판단한다. 첫인상을 빨리 형성하는 것은 명백하게 생존 확률을 높일 수 있다. 낯선 사람을 접하면 나에게 우호적인 사람인지 아니면 적대적인 사람인지를 빠르게 판단해야 하는데, 첫인상은 빠른 판단의 기본적인 가이드라인을 제공하기 때문이다.

　첫인상의 형성과 관련 있는 뇌 부위 중 하나는 편도체다. 편도체는 주로 정서와 관련되어, 뇌에서 복잡한 판단을 하기 전에 빠르게 호불호를 판단한다. 이런 기능은 생존을 위한 일종의 경보 장치 역할을 한다.

　가끔 첫인상에 관한 인터넷 글에는 편도체에서 0.017초 만에 첫인상을 형성한다는 내용이 언급된다. 조금 더 구체적으로 설명하자면, 얼굴을 0.017초 동안만 접해도 그 얼굴의 표정에 따라 편도체의 활동이 달라진다. 편도체의 활동이 곧 첫인상 형성이라고 해석하는 것은 약간 과대광고 느낌이 있긴 하다. 그래도 그 짧은 시간 안에 우리의 뇌가 상대방의 얼굴을 해석하고 첫인상을 형성하기 위해 최대한의 노력을 기울이고 있다는 것은 부정할 수 없는 사실이다.

　사랑에 빠지는 데 필요한 시간이 3초라는 3초의 법칙이 있다. 영화나 드라마, 그리고 SNS에서는 널리 알려져 있는 것 같은데, 사실 우리에게는 3초도 필요 없다. 0.1초면 충분하다. 우리는 언제나 누군가에게 빠질 준비가 되어 있다.

순간의 인상이 10년을 좌우한다
초두 효과와 정박 효과

왜 우리는 첫인상에 좌지우지될까? 첫인상과 관련해서 많이 언급되는 것은 '초두 효과primacy effect'다. 초두 효과란 먼저 제시된 정보가 나중에 제시된 정보보다 더 큰 영향력을 갖는 것을 말한다.

초두 효과와 첫인상에 대한 관계를 가장 극적으로 보여준 연구는 동조conformity 실험*으로 유명한 솔로몬 애쉬Solomon Asch에 의해 이루어졌다.94 그는 참가자들에게 미남이와 극남이, 두 사람에 대한 설명을 보여주고 평가하도록 했다.

- 동일한 길이의 선분을 찾는 단순한 과제에서 본인을 제외한 다른 사람이 모두 오답을 말한다면 자신도 동일한 오답을 말하게 된다는 솔로몬 애쉬의 실험(1955). 사회적 압력의 영향력을 잘 보여주고 있다.

- 미남이는 똑똑하고, 부지런하며, 비판적이고, 충동적이고 질투심이 많다.
- 극남이는 질투심이 많고, 충동적이며, 비판적이고, 부지런하고, 똑똑하다.

이 두 사람 중에서 누가 더 좋은 사람 같은가? 눈치 빠른 독자들은 알았겠지만, 사실 미남이와 극남이를 설명하는 단어들은 동일하다. 단지 말한 순서가 다를 뿐이다. 미남이는 좋은 성향과 관련된 단어들이 먼저, 극남이는 나쁜 성향을 말해주는 단어들이 먼저 제시되었다. 하지만 애쉬에 실험 결과에 따르면 두 사람에 대한 평가가 극단적으로 달랐다. 긍정적인 성향을 먼저 말한 미남이에 대한 평가가 부정적인 성향을 먼저 말한 극남이에 비해 월등하게 좋았던 것이다.

이처럼 동일한 정보라도 무엇을 먼저 말하느냐에 따라 우리의 판단이 달라질 수 있다. 첫인상이 형성되면 그 사람에 대한 맥락을 만들고, 그 맥락이 후속 정보에 영향을 미친다.

초두 효과는 설득 기법과 연관 지어서 많이 언급된다. 보통 효과적인 설득을 위해서 단점을 지적하기 전에 장점을 먼저 말하라고 한다. 대학원에서는 다른 사람의 발표를 듣고 논쟁하는 수업이 많은데, 이때 아직 논쟁에 익숙하지 않은 학생들을 위해서 알려주는 기법이기도 하다. 발표의 좋은 점을 먼저 이야기하고, 그다음에 지적 사항을 알려주면 듣는 사람들도 자신의 발전을 위해 알려주는 충고로 받아들인다. 하지만 먼저 지적부터 하면 자신을 비난하는 말로 받아들일 가능성이 높다.

초두 효과와 반대되는 개념으로 '최신 효과recency effect'가 있다. 최신 효과란 가장 나중에 얻은 정보의 영향이 더 강한 현상을 말한다. 초두 효과와 최신 효과 중에 어느 것이 더 강한 효과를 내는지는 정보의 성격에 따라 다르다. 예를 들어 메시지의 내용이 친숙한 경우에는 초두 효과가, 낯선 내용일 경우에는 최신 효과가 더 큰 영향력을 발휘한다. 잘 아는 내용을 들을 때는 초반부에 빠르게 내용을 판단하고 주의를 더 이상 기울이지 않아 초두 효과가 더 강력한 영향력을 발휘하지만, 낯선 내용에 대해서는 최대한 정보를 모아서 판단하려는 경향이 있어서 최신 효과가 더 강하다.

그렇다면 사람의 인상에 대해서는? 최신 효과보다는 초두 효과가 강하게 작용한다. 그래서 첫인상이 중요하다.

첫인상은 모두가 관심을 가지는 주제이다 보니 초두 효과와 최신 효과를 인상 형성과 관련된 현상이라고만 알고 있는 사람들도 많다. 하지만 초두 효과와 최신 효과는 인간이 정보를 처리하는 과정에서 전반적으로 발생한다. 초두 효과와 최신 효과를 묶어 '서열 위치 효과serial position effect'라고 하는데, 정보가 제시되는 시간적 위치에 따라 효과가 달라지는 것을 의미한다.

우리가 가장 흔하게 접할 수 있는 서열 위치 효과의 예는 이름

외우기다. 세계적인 가수로 자리 잡은 BTS. 학생들과의 원활한 의사소통을 위해서 이름 정도는 외워야 할 필요가 있다고 생각했다. BTS는 총 일곱 명. 네이버 프로필 기준으로 'RM, 진, 슈가, 제이홉, 지민, 뷔, 정국'으로 나온다. 이 이름들을 한 번만 듣고 생각나는 이름을 적어보라고 하면, 아마도 나는 RM, 진, 뷔, 정국 정도를 이야기 할 것이다. 제일 먼저 들었던 멤버들과, 가장 나중에 들었던 멤버들의 이름을 더 쉽게 기억할 수 있다.

나만 그런 것은 아니다. 대부분 단어 목록을 한 번 들려주고 외워보라고 하면, 대부분 나와 유사한 결과를 보인다. 가장 처음 나온 단어들과 가장 나중에 나온 단어들을 더 잘 기억하는데, 이를 각각 초두 효과와 최신 효과라고 한다.

첫인상의 영향을 '정박 효과 anchoring effect'로 설명하기도 한다. 정박 효과란 처음에 제공된 정보가 후속 판단의 기준점 역할을 해서, 그 기준으로부터 벗어나기 힘든 현상을 말한다.

가장 흔하게 드는 예는 시장에서 물건의 가격을 흥정할 때, 먼저 가격을 말하는 사람에게 유리하게 최종 가격이 결정되는 것이다. 옷의 실제의 가격이 10,000원인데 가격표에는 30,000원으로 적혀 있다고 하자. 요즘은 정가제이지만 과거에는 흥정에 따라 가격이 결정되는 경우가 많았는데, 이 경우 당연히 손님은 가격을 깎으려고 한다. 그런데 물건 가격을 아무리 많이 깎으려고 해도 협상의 시작이 30,000원이기 때문에 대략 25,000원 정도로 가격이 결정된다. 손님은 가격표보다 5,000원 싸게 사서 행복하고, 상인은 실제 가격보다 15,000원 비싸게 팔아서 행복한 윈-윈 거래가 되겠다.

정박 효과는 매우 강력해서 실제로 여기저기에 많이 적용된다. 명품숍 외부 진열창에 1,000만 원으로 가격이 표시된 가방이 있다. 비싸다고 생각하지만 모처럼의 쇼핑이니 눈요기나 하자는 마음으로 안으로 들어갔다. 그런데 가게 안에 윈도우에 진열된 가방과 비슷해 보이는 가방이 700만 원이면, 여러분은 어떤 생각을 할까? 만일 윈도우에 진열되어 있는 1,000만 원짜리 가방을 보지 않았다면, 700만 원짜리 가방이 무척이나 비싸다고 생각했을 것이다. 하지만 입구에서 본 1,000만 원짜리 가방이 기준점이 되어버렸기에 700만 원은 비교적 저렴하게 느껴진다. 가심비 좋았을 가방이 가성비까지 장착하는 셈이다. 정박 효과가 발생한 결과다.

정박 효과는 현재 심리학계의 슈퍼스타인 대니얼 카네만$^{Daniel\ Kahneman}$이 아모스 트버스키$^{Amos\ Tversky}$와 함께 최초로 제안한 개념이다. 카네만은 행동 경제학의 창시자로써 2002년에 노벨경제학상을 수상한 인지심리학자다. 그는 인간의 의사 결정이 생각보다 합리적이지 않다는 사실을 지속적으로 보여주었는데, 정박 효과도 그중 하나다.

초두 효과이든 정박 효과이든, 최초에 제시되었던 정보가 이후에 일어나는 판단에 영향을 끼친다는 점은 같다. 이는 최초의 정보가 후속 정보들을 이해하는 기본적인 맥락을 형성하기 때문이다.

앞에서 이야기 했던 미남이와 극남이의 경우를 다시 한번 생각해 보자. 둘 모두 '충동적인' 성격이다. 하지만 '똑똑하고 충동적인' 미남이는 너무 머리가 좋아서 많은 아이디어가 샘솟다 보니 충동적인 성향이 있는 것으로, '질투심이 있고 충동적인' 극남이는 남을 해코지하는 성향이 있는 것으로 해석될 수 있다. 나중에 나온 정보는 처음 나온 정보의 테두리 안에서 이해되고 해석된다.

순간의 선택이 10년을 좌우한다는 아주 오래된 광고 문구가 생각난다. 내가 첫 만남에서 어떤 모습을 보이는가에 따라 10년은 따라다닐 첫인상이 만들어진다. 불합리하다고 생각할 수도 있지만, 그것이 사실이라면 우리도 대비해야 하지 않을까? 그래서 우리는 첫 등교, 첫 출근, 첫 만남을 앞두고 머리, 옷, 마음가짐을 가다듬는다. 0.1초 만에 만들어지는 내 인상을 조금 더 좋게 만들기 위해서.

첫인상을 극복할 수 있을까?
독실 효과

 소개팅이 엉망이었다. 상대방이 너무 마음에 들었던 것이 문제였다. 했던 질문을 또 물어보고, 대답은 횡설수설했다. 다음 날 문자를 해도 답신이 없었다. 한 달 후. 다른 회사와 장기 프로젝트 협업 때문에 참가한 회의에 그 사람이 있었다. 이건 기회일까, 아니면 위기일까?

 첫인상의 문제는 0.1초 만에 만들어졌으면서 너무나도 오랫동안 나를 따라다닌다는 것이다. 첫인상이 좋았다면 오히려 이득이겠지만 좋은 첫인상을 주기란 너무나도 어렵다. 좋은 첫인상이 꼭 필요할 때에는 더 그렇다. 중요한 면접 자리, 중요한 클라이언트와의 첫 미팅 자리, 소개팅에서의 첫 만남, 상견례 자리. 평상시처럼 행동했더라면 인상이 괜찮았을 사람들도, 중요한 자리라는 중압감에 내가 아닌 다른 사람인 것처럼 행동하게 된다. 이런 저런 이유로 좋은 첫인상을 만들기에 실패하면 만회할 기회가 없는 걸까?

첫인상의 영향이 평생 계속되는 경우도 있기는 하다. 하지만 처음에는 인상이 좋지 않았던 사람이 알고 보니 진국이었다고 느꼈을 때가 있을 것이다. 이런 경험을 생각해 보면 첫인상이 끝없이 지속되는 것만은 아니다.

상당수의 연구들도 첫인상을 극복하는 것이 매우 어렵지만 불가능하지는 않다고 주장한다. 나쁜 첫인상을 주었더라도 지속적으로 만나면서 좋은 모습을 보여주면 극복할 수 있다. 인터넷에는 200번을 만나야 한다는 주장도 떠도는데 그 정확한 횟수에 대한 근거를 찾을 수는 없었다. 하지만 지속적인 접촉이 첫인상을 바꿀 수 있다는 점만은 맞다.

'단순 노출 효과'를 떠올려 보자. 상대방이 나를 자주 보면 자연스럽게 호감이 올라간다. 그렇다면 나빴던 첫인상도 극복할 수 있을 것이다. 물론 노출이 무조건 좋은 것만은 아니다. 자주 보더라도 나쁜 이미지만 계속 준다면 역효과가 날 수도 있다. 단순히 노출하는 것 이상으로, 좋은 인상을 주는 모습을 노출해야 한다.

인터넷 글에서 첫인상을 이야기할 때 '빈발 효과 frequency effect'가 빈번하게 언급되는데, 첫인상 형성 이후에 반복해서 좋은 행동과 태도를 보이면 좋은 인상으로 바뀌는 현상을 말한다. 빈발 효과가 인터넷에서는 자주 언급이 되고 있긴 한데, 사실 나에게도 그닥 친숙하지 않은 개념이다. 유사한 개념으로 '단어 빈도 효과 word frequency effect'가 있기는 하다. 초두 효과, 최신 효과와 유사하게 단어 목록을 외울 때에 적용이 되는 법칙인데, 목록에서 반복적으로 나온 단어가 더 잘 기억되는 현상을 말한다.

유사한 결과를 내는 연구가 소비자 심리학에 있다. 첫인상은 전통적으로 사회 심리학 분야에서 연구가 많이 되어왔지만, 최근에는 소비자 심리학에서도 관심을 많이 가진다. 소비자 심리학이란 소비자가 상품을 구매하는 과정에 개입하는 마음을 다루는 심리학의 세부 분야다. 마케팅을 떠올리면 될 듯하다. 소비자 심리학에서는 최초에 나쁜 인상을 주었던 제품이 다시 호감을 얻는 과정을 연구한다. 소비자 심리학 분야의 여러 연구들은 단순 노출 효과를 제품 판매에 적용해서, 반복적으로 노출하면 인상이 좋지 않았던 제품들도 구매도가 높아진다는 결과를 보여주었다. 빈발 효과도 이런 맥락에서 언급된 것으로 보인다.

짧은 시간에 형성되어 오래 지속되는 첫인상의 효과는 매우 잔인해 보이기까지 한다. 하지만 아주 좋은 첫인상이 반드시 유리하지만은 않다. 대표적인 것이 호감의 '득실 효과gain-and-loss effect'다. 매력 연구의 독보적인 연구자인 엘리엇 애런슨Eliot Aronson이 제안한 호감의 득실 효과는 쉽게 말하면 상대방을 판단할 때 지금의 행동 및 태도가 과거에 비해 더 좋아졌는지 혹은 더 나빠졌는지, 그 변화의 추세가 중요하다는 이론이다.

이런 상황을 한번 생각해 보자. A라는 사람은 처음부터 나에게 친절하다. 그 친절한 정도가 변함이 없다. 점수로 표현하자면 80점. 한결같이 80점 정도의 친절한 행동을 보이는 사람이다. B라는 사람도 나에게 친절했던 사람이다. 그런데 최근에 좀 변한 것 같다. 처음에는 80점 정도였다면, 요즘에는 60점 정도다. 그럼 나는 A와 B 중에서 누가 더 좋을까? 당연히 A가 더 좋을 것이다. 현재 A가 B보다 더 친절하니까.

그런데 C라는 사람이 있다. 처음에는 친절하긴 했지만 아주 친절한 것은 아니었다. 60점 정도. 그런데 요즘 갑자기 친절하게 대한다. 한 80점 정도. 만약 이렇다면 나는 A가 더 좋을까, 아니면 C가 더 좋을까? 현재는 A와 C가 비슷한 정도로 친절하지만, 그래도 한결같았던 A가 더 좋은 것이 인지상정 아닐까? 그런데 우리들은 C를 더 좋아할 확률이 더 높다고 한다. 이유는 C의 경우가 과거보다 현재에 '더' 친절해졌기 때문이다. 과거보다 더 친절해지는 경우, 우리는 그것을 '이득gain'이라고 생각해서 더 많은 가치를 둔다는 것이다.

마찬가지로 처음에는 80점 정도로 친절하다가, 요즘에는 60점 정도였던 B의 경우, 처음부터 60점 정도로 친절했고 한결같이 60점 정도로 친절한 D에 비해서도 호감도가 더 떨어진다. B의 경우, 감소한 20점을 우리는 '손실loss'이라고 생각하기 때문이다.

이렇듯 과거에 비해서 지금의 행동이 이득인지 손실인지에 따라 우리의 호감도가 결정된다는 것이 호감의 득실 효과이다. 그러니

	최초 친절 정도	현재 친절 정도	이득-손실
A	80	80	0
B	80	60	손실
C	60	80	이득
D	60	60	0
E	10	40	이득

까 첫인상이 몇 점이었는지보다는 이후의 변화가 중요하다는 것이다.

득실 효과의 가장 극적인 상황을 살펴보자. 처음에는 80점 정도로 친절했다가 요즘 와서 60점 정도로 친절한 B. 그리고 새로운 등장인물 E가 있다. E는 불친절의 화신이다. 처음에 나에게 매우 불친절하게 대했다. 10점을 주기도 아까울 정도였다. 그랬는데 요즘 갑자기 나에게 아주 조금 친절하게 대한다. 그래도 성격이 어디 가겠는가. 친절하지는 않다. 한 40점 정도.

B와 E 중에서 우리는 어느 쪽에 더 호감을 갖게 될까? 그렇다. 우리는 E에 더 호감을 줄 가능성이 더 높다. B는 20점 손실(80 ⇨ 60)이고 E는 30점 이득(10 ⇨ 40)이기 때문이다. 이 상황에서 가장 억울한 사람은 B다. B는 여전히 E보다 친절하게 대하기 때문이다. 친절하게 대하면서 비호감이 되는 B는 최악의 선택을 한 셈이다.

득실 효과를 보면 왜 나쁜 사람이 의외로 인기가 있는지도 어느 정도 이해하게 된다. 워낙이 불친절하고 못된 사람이라는 첫인상이 형성되면, 그 이후에 그보다 조금만 더 친절한 행동을 해도 그 사람에 대한 호감이 수직 상승한다.

그러니 아주 좋은 첫인상을 남기는 것이 항상 좋지만은 않을 수 있다. 무리해서 필요 이상으로 좋은 첫인상을 남긴다면 첫인상을 유지하기 위해서 너무 많은 노력과 에너지가 필요해질 것이다. 결국 내 태도가 원상 복귀한다면 결론적으로는 호감도가 더 낮아질 수도 있다. 그러니 과하게 인위적으로 행동하기보다는 가장 자연스러운 자신의 모습을 보이는 것이 더 나을 것이다.

첫인상은 오래가지만 우리는 노력으로 첫인상을 극복할 수 있다. 반복적으로 좋은 행동을 보여준다면 첫인상보다 훨씬 좋은 현재 인상을 남길 수 있을 것이다. 첫 만남이 사람을 판단하기에는 짧았다고 스스로 생각하고, 이후 상대가 보인 행동이 첫인상과는 놀랄 정도로 다르게 좋아진다면, 우리는 첫인상을 비교적 쉽게 수정한다고 한다. 노력이 필요할 뿐이다. 상대방을 감동시킬 노력이.

나를 좋아해 주는 사람이 좋아요
호감의 상호성

　호감의 득실 효과를 배운 뒤에 나간 미팅 자리에서 배움을 실천하려고 했다. 첫인상이 좋지 않으면 나중에 조금만 더 친절해져도 호감을 높일 수 있으니, 아예 처음부터 첫인상을 나쁘게 만들자고 전략을 짠 것이었다. 결과는? 우리는 득실 효과를 작동시킬 기회조차 얻지 못했다. 진상을 부린 사람에게 애프터란 허용되지 않았으니. 인상을 바꿀 기회도 어느 정도 좋은 첫인상을 만든 다음에야 생긴다.

　어떻게 해야 좋은 첫인상을 만들 수 있을까? 간단한 팁을 주자면, 첫인상은 "매력을 보고, 신뢰를 들으며, 주도성을 잡아 만든다"라고 표현할 수 있다.

　"매력을 본다"는 눈에 보이는 것들의 빼어남이 좋은 첫인상을 만든다는 것이다. 얼굴의 매력도 있겠지만, 일명 TPO에 맞추기, 즉 시간, 장소, 상황에 따라 적절한 옷을 입고, 머리 스타일을 꾸미고, 화장을 하는 것도 중요하다. 다양한 방법으로 꾸며진 시각 정보는 우리의 첫인상에 좋은 영향을 준다. 타고난 외모가 매력에 미치는 영향이 크기는 하지만, 그래도 타고난 것이 전부는 아니고, 우리는 충분히 우리를 더 매력적으로 꾸밀 수 있다.

"신뢰를 듣는다"는 목소리의 톤에 따라, 정확하게는 음고pitch의 높고 낮음에 따라 첫인상이 달라진다는 이야기다. 우리는 보통 좋은 목소리라고 하면, 중저음의 차분한 목소리를 떠올린다. 많은 연구들은 낮은 목소리가 신뢰성을 높인다고 이야기한다. 그래서 뉴스를 진행하는 앵커나 아나운서들은 전반적으로 목소리 톤이 낮다. 원래부터 그런 목소리인 사람들을 선발하기도 하겠지만, 그들 또한 낮고 차분하게 말하는 방법을 연습한다. 그들이 전달하는 뉴스의 신뢰성을 높이기 위한 전략이다. 앵커나 아나운서 출신의 정치인이 정당 대변인을 맡는 경우가 많은 것도 동일한 이유이다.

타고난 목소리가 고음인 나 같은 사람들에게는 좌절을 가져다주는 연구 결과이긴 하다. 낮은 목소리로 찬찬히 이야기를 해야 강의 내용에 대한 신뢰성도 높아질 텐데, 높은 목소리뿐 아니라 급한 성미까지 타고난 나에게는 불가능해 보인다. 그래도 가끔 '목소리가 높아서 졸리지는 않아요'라는 수강생의 피드백을 들으면 힘이 된다. 방송에 나오는 유명 강사들의 목소리는 또 의외로 고음인 경우가 많고, 예능 프로그램에서 출연자에게 목소리 톤을 조금 올려달라고 요청하는 장면을 종종 보기도 한다. 높은 목소리가 더 활기찬 성격으로 보이게 한다는 연구 결과들이 간혹 나오는 것을 보면 또 나쁜 측면만 있는 것은 아니다.

"주도성을 잡는다"는 조금 더 어렵다. 악수가 일상화된 서양에서는 악수와 첫인상에 대한 연구들도 꽤 많은데, 강하게 악수를 하는 것이 주도적인 성격이라는 인상을 준다고 한다. 강하게 악수를 하는 사람들은 더 외향적이고, 긍정적이며, 감정 표현이 풍부한 사람이라고 평가받는다. 이는 남성이든 여성이든 상관없이, 악수를 강하게 하면 더 자신감과 설득력이 있는 것으로 보인다.

이렇듯 좋은 첫인상을 남기기 위해서는 시각, 청각, 촉각 등 모든 감각을 통해 노력을 해야 한다. 하지만 더 쉽게 좋은 인상을 남기는 방법이 있다. 그건 바로 상대방을 좋아하는 것이다.

이런 경험을 해본 적 있을지도 모르겠다. 학교에서 친구가 이상한 소리를 한다. 우리 학과의 어떤 아이가 나를 좋아한다는 것이다. 나는 그 이야기를 듣기 전에는 그 동급생에게 전혀 관심이 없었는데, 이후로 그 아이에게 관심이 가고, 나도 모르게 조금씩 마음이 움직인다.

우리는 나를 좋아하는 사람을 좋아하게 된다. 이를 '호감의 상호성reciprocity of attraction or reciprocal liking'이라고 한다. '나를 좋아하는 사람을 좋아하는 마음'은 너무나도 당연한 것이다. 진화 심리학적 관점을 잠시 빌려보자. 나를 좋아하는 사람처럼 나의 생존과 안위에

도움이 되는 사람이 또 있을까? 나를 좋아하는 사람은 나에게 가장 선호되는 사람이 될 수밖에 없다.

그런데 다른 사람이 나를 좋아하는 것을 어떻게 알 수 있을까? 꼭 다른 친구에게 전해 듣거나, 그 사람이 굳이 수줍은 얼굴에 떨리는 목소리로 나에게 고백하지 않아도 상관없다. 우리는 그냥 본능적으로 알 수 있다. 우리는 자신을 좋아하는 사람이 보이는 행동을 매우 잘 알아차린다.

처음 만난 사람과 이야기를 했는데, 이 사람과는 뭔가 매우 잘 통하는 사람인 것 같은 느낌이 들 때가 있다. 사실 이때 그 사람과 내가 대화했던 상황을 복기해 보면, 특별히 내가 말을 더 잘한 것 같지는 않다. 달랐던 점은 상대방의 반응이다. 상대방이 내가 말하는 동안 나와 눈을 맞추며 고개를 끄덕이고, 즐겁지 않은 대화에도 잘 웃고, 몸을 내 쪽으로 조금 기울이고 있다면 더 그럴 것이다. 이런 행동들은 상대방이 나에게 호감을 갖고 있다는 것을 알리는 행동들이다. 우리는 이런 행동을 매우 빠르게 잘 탐지한다. 저 사람이 나에게 호감을 품었다는 것을 의식하지 못할지도 모른다. 하지만 대화의 분위기가 좋았다는 점은 알아챌 것이다. 이런 생각의 근간에는 무의식적으로라도 알아챈 상대방의 호감이 있다.

심지어 우리는 그보다 더 알아채기 힘든 미세한 변화를 탐지해 내기도 한다. 그 대표적인 예가 동공의 크기이다. 동공의 크기는 매력에 영향을 끼친다. 우리는 동공이 큰 사람을 보면 더 매력적이

라고 생각한다. 위 사진을 보면, 이를 뚜렷하게 알 수 있다.

두 사람은 동일인이다. 그런데 왼쪽 사진에서 동공이 더 크다. 동공은 호감 가는 대상을 쳐다볼 때 확대된다. 즉 동공의 확대가 나를 향한 호감의 표시인 것이다. 그러니 동공이 커진 상대방에게, 나에 대한 호감을 가지고 있는 그 사람에게 마음이 가는 것은 당연하다. 따라서 우리는 오른쪽 사람을 더 매력적이라고 느끼고 더 호감을 갖게 된다. 동공이 커졌다는 것을 의식적으로 알아차리지 못해도 그렇다.

기우로 한마디만 첨언하자면 호감의 상호성을 잘못 적용해서 '내가 너를 좋아하니, 너도 분명히 나를 좋아할 거야'라고 생각해서는 곤란하다. 이런 태도는 폭력이다. 호감이 생긴다는 것이 사랑에 빠진다는 이야기는 아니다. 호감의 상호성은 나의 우호적인 마음이 상대방에게 전달될 것이고, 그렇게 우호적인 분위기가 형성되면 서로 인상이 좋아질 것이라고 믿는 정도로만 적용하자.

짧은 시간 형성되는 첫인상은 타인을 판단하는 데 너무나도 길고 강하게 영향을 끼친다. 최근 블라인드 면접이 필수가 되었다. 한 사람을 판단할 때 배경 정보 없이 그 사람 자체를 보고 판단하라는 뜻일 것이다. 하지만 나는 불안하고 두렵다. 첫인상은 매우 짧은 시간에 그 사람의 외형, 목소리, 행동을 통해 형성된다. 나는 합리적으로 타인을 평가할 수 있을까? 사람을 판단하는 것은 어렵다. 정보는 많을수록 좋고, 정보가 없을수록 오류도 증가하게 되어 있다.

에필로그

왜 얼굴에 혹할까

　우리는 내면이 중요하다고 귀가 닳도록 듣고, 또 그 말이 맞다고 믿으면서도 왜 얼굴에 혹할까? 멋진 답변을 기대하고 있는 사람들에게는 미안한 말이지만, 정답은 '원래 그래!'이다. 그냥 우리 인간은 그렇게 되도록 진화해 왔다. 공동체 안에서 여럿이 서로 상호작용하면서 살아야 하는 우리 인간은 얼굴에 많은 정보를 담고 있고, 그 정보들을 주고받으며 소통하도록 프로그래밍되어 있다. 이런 인간에게 왜 얼굴에 혹하냐고 묻는 것은 "홍시 맛이 나서 홍시 맛이 난다고 하였는데 어쩌란 말입니까" 수준의 고문일 수 있다.
　이 책에서 다루고 싶었던 주제는 얼굴을 통한 정보 전달과 소통이었다. 얼굴에 어떤 정보가 있고, 그것을 어떻게 주고받는지, 그리고 그 정보들이 서로에게 어떤 영향을 미치는지를 이야기하고 싶었다.

그런데 얼굴 안에 있는 정보들 중에서 너무나도 강력한 정보가 바로 '매력'이다. 그깟 매력이 뭐라고 얼굴로 하는 소통에서 그렇게 중요한 역할을 한단 말인가. 나도 모르겠다. 우리 인간이 그냥 그렇다. 매력도가 높으면 뭐든지 좋게 본다. 그래서 매력 이야기를 담았다. 정말 중요하니까. 윤리적, 이성적, 사회적으로 바람직하지 않을지도 모르겠지만, 매력은 너무도 강력한 현상이고 우리는 본능적으로 거기에 휘둘리니, 돌직구로 언급해야 한다고 생각했다. 그리고 매력이라는 대중적이고 말랑말랑한 주제조차 매우 세세하고 체계적으로 연구하는 심리학을 보여주고 싶었다. 혹시나 불편했던 독자들이 있었다면 사과드린다.

얼굴 정보의 주인으로서 우리가 스스로 해야 할 노력에 대해서도 덧붙이고 싶었다. 얼굴을 통한 소통이 자동적으로, 그리고 내 의지와는 상관없이 일어나는 일이라면, 적어도 내 얼굴 정보의 생산자로서 정확한 정보를 제대로 전달하고자 하는 노력이 필요하지 않을까? 표정을 제대로 지어 보이는 노력이 될 수도 있고, 노출되는 나의 모습을 통제하는 노력이 될 수도 있을 것이다.

내가 생각하는 인생의 최고 덕목은 TPO에 맞는 사람이 되는 것이다. 시간과 장소와 상황에 어울리는 사람이 되는 것이다. 얼굴이나 외형도 마찬가지다. TPO에 맞게 내가 전달하고자 하는 정보들이 있고, 그 정보들을 최대한 효과적으로 전달할 수 있도록 디자인하는 것이 필요하다. 여러분은 지금 어떤 모습으로 보여지고 싶은가? 그렇게 보이도록 스스로를 디자인해 보자. 여러분 인생의, 얼굴의, 그리고 그 얼굴로 하는 소통의 디자이너는 바로 여러분이다.

주

1   팻 시프먼 지음, 조은영 옮김, 『침입종 인간(The Invader)』, 푸른숲, 2017.
2   Mora, L., Cowie, D., Banissy, M. J., & Cocchini, G. (2018). My true face: Unmasking one's own face representation. Acta psychologica, 191, 63-68.
3   Felisberti, F. M., & Musholt, K. (2014). Self-face perception: Individual differences and discrepancies associated with mental self-face representation, attractiveness and self-esteem. Psychology & Neuroscience, 7(2), 65-72.
4   Seyama, J. I., & Nagayama, R. S. (2007). The uncanny valley: Effect of realism on the impression of artificial human faces. Presence: Teleoperators and virtual environments, 16(4), 337-351.
5   Young, A. W., Hay, D. C., McWeeny, K. H., Ellis, A. W., & Barry, C. (1985). Familiarity decisions for faces presented to the left and right cerebral hemispheres. Brain and Cognition, 4(4), 439-450.
6   Burt, D. M., & Perrett, D. I. (1997). Perceptual asymmetries in judgements of facial attractiveness, age, gender, speech and expression. Neuropsychologia, 35(5), 685-693.
7   Blackburn, K., & Schirillo, J. (2012). Emotive hemispheric differences measured in real-life portraits using pupil diameter and subjective aesthetic preferences. Experimental brain research, 219(4), 447-455.
8   Reis, H. T., Wilson, I. M., Monestere, C., Bernstein, S., Clark, K., Seidl, E., ... & Radoane, K. (1990). What is smiling is beautiful and good. European Journal of Social Psychology, 20(3), 259-267.
9   Nisbett, R. (2010). The Geography of Thought: How Asians and Westerners Think Differently... and. Simon and Schuster.
10 Caldara, R. (2017). Culture Reveals a Flexible System for Face Processing. Current Directions in Psychological Science, 26, 249 – 255. https://doi.org/10.1177/0963721417710036.
11 Gill-Brown, V. (2010). Armed Glances: the history and culture of sunglasses & cool. Nottingham Trent University (United Kingdom).
12 Zhao, X., & Knobel, P. (2021). Face mask wearing during the COVID-19 pandemic: comparing perceptions in China and three European countries. Translational behavioral medicine, 11(6), 1199-1204.
13 Zhang, M. (2021). Writing against "Mask Culture" Orientalism and COVID-19 Responses in the West. Anthropologica, 63(1), 1-14.
14 Gangestad, S. W., Simpson, J. A., DiGeronimo, K., & Biek, M. (1992). Differential accuracy in person perception across traits: Examination of a functional hypothesis.

Journal of personality and social psychology, 62(4), 688-698.

15 Borkenau, P., & Liebler, A. (1992). Trait inferences: Sources of validity at zero acquaintance. Journal of personality and social psychology, 62(4), 645-657.

16 Stecher, K. & Counts, S. (2008). Thin slices of online profile attributes. In: Proceedings of the Second International Conference on Weblogs and Social Media. Seattle, WA: AAAI Press

17 Murphy, N. A., Hall, J. A., & Colvin, C. R. (2003). Accurate intelligence assessments in social interactions: Mediators and gender effects. Journal of Personality, 71(3), 465-493.

18 Ekman, P., & Friesen, W. V. (1978). Facial action coding system. Environmental Psychology & Nonverbal Behavior.

19 Ruba, A. L., & Pollak, S. D. (2020). Children's emotion inferences from masked faces: Implications for social interactions during COVID-19. PloS one, 15(12), e0243708.

20 Havas, D. A., Glenberg, A. M., Gutowski, K. A., Lucarelli, M. J., & Davidson, R. J. (2010). Cosmetic use of botulinum toxin-A affects processing of emotional language. Psychological science, 21(7), 895-900.

21 Griffiths, S., Rhodes, G., Jeffery, L., Palermo, R., & Neumann, M. F. (2018). The average facial expression of a crowd influences impressions of individual expressions. Journal of Experimental Psychology: Human Perception and Performance, 44(2), 311-319.

22 Reis, H. T., Wilson, I. M., Monestere, C., Bernstein, S., Clark, K., Seidl, E., ... & Radoane, K. (1990). What is smiling is beautiful and good. European Journal of Social Psychology, 20(3), 259-267.

23 Okubo, M., Ishikawa, K., Kobayashi, A., Laeng, B., & Tommasi, L. (2015). Cool Guys and Warm Husbands: The Effect of Smiling on Male Facial Attractiveness for Short- and Long-Term Relationships. Evolutionary Psychology. https://doi.org/10.1177/1474704915600567

24 Abel, E. L., & Kruger, M. L. (2010). Smile intensity in photographs predicts longevity. Psychological Science, 21(4), 542-544.

25 Harker, L., & Keltner, D. (2001). Expressions of positive emotion in women's college yearbook pictures and their relationship to personality and life outcomes across adulthood. Journal of personality and social psychology, 80(1), 112-124.

26 Zajonc, R. B., Murphy, S. T., & Inglehart, M. (1989). Feeling and facial efference: implications of the vascular theory of emotion. Psychological review, 96(3), 395-416.

27 Borland, J., & Leigh, A. (2014). Unpacking the beauty premium: What channels does it operate through, and has it changed over time? Economic Record, 90(288), 17-32.

28 Sigall, H., & Ostrove, N. (1975). Beautiful but dangerous: effects of offender attractiveness and nature of the crime on juridic judgment. Journal of Personality and

Social Psychology, 31(3), 410-414.
29 Perrett, D. I., May, K. A., & Yoshikawa, S. (1994). Facial shape and judgements of female attractiveness. Nature, 368(6468), 239-242.
30 Viola Macchi, C., Turati, C., & Simion, F. (2004). Can a Nonspecific Bias Toward Top-Heavy Patterns Explain Newborns' Face Preference? Psychological Science, 15(6), 379-383. https://doi.org/10.1111/j.0956-7976.2004.00688.x
31 Perrett, D. I., Burt, D. M., Penton-Voak, I. S., Lee, K. J., Rowland, D. A., & Edwards, R. (1999). Symmetry and human facial attractiveness. Evolution and human behavior, 20(5), 295-307.
32 Valentine, T. (1991). A unified account of the effects of distinctiveness, inversion, and race in face recognition. The Quarterly Journal of Experimental Psychology Section A, 43(2), 161-204.
33 Collins, M. (2012) The Attractiveness of the Average Face. Seminars in Orthodontics, 18(3).
34 Langlois, J. H., & Roggman, L. A. (1990). Attractive faces are only average. Psychological science, 1(2), 115-121.
35 Singh, R. (1973). Attraction as a function of similarity in attitudes and personality characteristics.. The Journal of social psychology, 91 1, 87-95 . https://doi.org/10.10 80/00224545.1973.9922650.
36 Burleson, B., & Denton, W. (1992). A new look at similarity and attraction in marriage: Similarities in social...cognitive and communication skills as predictors of attraction and satisfaction. Communication Monographs, 59, 268-287. https://doi.org/10.1080/03637759209376269.
37 DeBruine, L. (2005). Trustworthy but not lust-worthy: context-specific effects of facial resemblance. Proceedings of the Royal Society B: Biological Sciences, 272, 919 - 922. https://doi.org/10.1098/rspb.2004.3003.
38 Moreland, R., & Zajonc, R. (1982). Exposure effects in person perception: Familiarity, similarity, and attraction. Journal of Experimental Social Psychology, 18, 395-415. https://doi.org/10.1016/0022-1031(82)90062-2.
39 Penton-Voak, I., Perrett, D., & Peirce, J. (1999). Computer graphic studies of the role of facial similarity in judgements of attractiveness. Current Psychology, 18, 104-117. https://doi.org/10.1007/S12144-999-1020-4.
40 Hinsz, V. (1989). Facial Resemblance in Engaged and Married Couples. Journal of Social and Personal Relationships, 6, 223 - 229. https://doi.org/10.1177/026540758900600205.
41 Zajonc, R., Adelmann, P., Murphy, S., & Niedenthal, P. (1987). Convergence in the physical appearance of spouses. Motivation and Emotion, 11, 335-346. https://doi.org/10.1007/BF00992848.
42 Wong, Y., Wong, W., Lui, K., & Wong, A. (2018). Revisiting facial resemblance in couples. PLoS ONE, 13. https://doi.org/10.1371/journal.pone.0191456.

43 Kumar, A., & Kumar, C. (2010). The face as an index in health and disease.. Medical hypotheses, 74 2, 389-90 . https://doi.org/10.1016/j.mehy.2009.09.007.

44 McArthur, L., & Apatow, K. (1984). Impressions of baby-faced adults.. Social Cognition, 2, 315-342. https://doi.org/10.1521/SOCO.1984.2.4.315.

45 Saxton, T., Pollet, T., Panagakis, J., Round, E., Brown, S., & Lobmaier, J. (2020). Children aged 7 - 9 prefer cuteness in baby faces, and femininity in women's faces. . https://doi.org/10.31234/osf.io/nmg4h.

46 Zebrowitz, L., & Mcdonald, S. (1991). The impact of litigants' baby-facedness and attractiveness on adjudications in small claims courts. Law and Human Behavior, 15, 603-623. https://doi.org/10.1007/BF01065855.

47 Bruch, E. E., & Newman, M. E. J. (2018). Aspirational pursuit of mates in online dating markets. Science Advances, 4(8), eaap9815.

48 Parsa, K. M., Hakimi, A. A., Hollis, T., Shearer, S. C., Chu, E., & Reilly, M. J. (2025). Understanding the impact of aging on attractiveness using a machine-learning model of facial age progression. Facial Plastic Surgery & Aesthetic Medicine, 27(1), 11-16. https://doi.org/10.1089/fpsam.2022.0273

49 Wu, F., Li, J., He, H., Huang, N., Tang, Y., & Wang, Y. (2015). Soft-tissue facial characteristics of attractive Chinese men compared to normal men.. International journal of clinical and experimental medicine, 85, 7977-82 .

50 Perrett, D., Lee, K., Lee, K., Penton-Voak, I., Rowland, D., Yoshikawa, S., Burt, D., Henzi, S., Castles, D., & Akamatsu, S. (1998). Effects of sexual dimorphism on facial attractiveness. Nature, 394, 884-887. https://doi.org/10.1038/29772.

51 Sprengelmeyer, R., Perrett, D. I., Fagan, E. C., Cornwell, R. E., Lobmaier, J. S., Sprengelmeyer, A., ... & Young, A. W. (2009). The cutest little baby face: A hormonal link to sensitivity to cuteness in infant faces. Psychological Science, 20(2), 149-154.

52 Zebrowitz, L. A., Kendall-Tackett, K., & Fafel, J. (1991). The influence of children's facial maturity on parental expectations and punishments. Journal of Experimental Child Psychology, 52(2), 221-238.

53 Kernis, M. H., & Wheeler, L. (1981). Beautiful friends and ugly strangers: Radiation and contrast effects in perceptions of same-sex pairs. Personality and Social Psychology Bulletin, 7(4), 617-620.

54 Geiselman, R. E., Haight, N. A., & Kimata, L. G. (1984). Context effects on the perceived physical attractiveness of faces. Journal of Experimental Social Psychology, 20(5), 409-424.

55 Walker, D., & Vul, E. (2014). Hierarchical encoding makes individuals in a group seem more attractive. Psychological Science, 25(1), 230-235.

56 Van Osch, Y., Blanken, I., Meijs, M. H., & van Wolferen, J. (2015). A group's physical attractiveness is greater than the average attractiveness of its members: The group attractiveness effect. Personality and Social Psychology Bulletin, 41(4), 559-

574.

57　Carbon, C. C., & Leder, H. (2006). The Mona Lisa effect: is 'our' Lisa fame or fake? Perception, 35(3), 411-414.

58　Buswell, G. T. (1935). How people look at pictures: a study of the psychology and perception in art. University of Chicago Press.

59　Tatler, B. W., Baddeley, R. J., & Gilchrist, I. D. (2005). Visual correlates of fixation selection: Effects of scale and time. Vision research, 45(5), 643-659.

60　Thomas, N. A., Wignall, S. J., Loetscher, T., & Nicholls, M. E. (2014). Searching the expressive face: Evidence for both the right hemisphere and valence-specific hypotheses. Emotion, 14(5), 962.

61　Hubert-Wallander, B., & Boynton, G. M. (2015). Not all summary statistics are made equal: Evidence from extracting summaries across time. Journal of Vision, 15(4), 5.

62　정화경 (2020). '얼굴 매력의 집단 내 확산 효과', 한림대학교 일반대학원 석사 학위 논문.

63　Valentine, T. (1991). A unified account of the effects of distinctiveness, inversion, and race in face recognition. The Quarterly Journal of Experimental Psychology, 43(2), 161-204.

64　이윤정 (2002). 입술 화장의 형태에 관한 연구. 한국인체미용예술학회지, 3(2), 175-184.

65　양윤미 (2010). 현대 메이크업에 나타난 스모키 메이크업에 관한 연구-로맨틱 감성과 매니쉬 감성을 중심으로. 코리아뷰티디자인학회지, 6(3), 293-304.

66　Cash, T. F., & Cash, D. W. (1982). Women's use of cosmetics: psychosocial correlates and consequences. International Journal of Cosmetic Science, 4(1), 1-14.

67　Etcoff, N. L., Stock, S., Haley, L. E., Vickery, S. A., & House, D. M. (2011). Cosmetics as a feature of the extended human phenotype: Modulation of the perception of biologically important facial signals. PloS one, 6(10), e25656.

68　Morikawa, K., Matsushita, S., Tomita, A., & Yamanami, H. (2015). A real-life illusion of assimilation in the human face: eye size illusion caused by eyebrows and eye shadow. Frontiers in human neuroscience, 9(1), 139-139.

69　Sorokowski, P., Sorokowska, A., & Kras, D. (2013). Face Color and Sexual Attractiveness: Preferences of Yali People of Papua. Cross- Cultural Research, 47(4), 415~427.

70　Russell, R. (2009). A Sex Difference in Facial Contrast and its Exaggeration by Cosmetics. Perception, 38, 1211 - 1219. https://doi.org/10.1068/p6331.

71　Fink, B., Grammer, K., & Thornhill, R. (2001). Human (Homo sapiens) facial attractiveness in relation to skin texture and color.. Journal of comparative psychology, 115 1, 92-9 . https://doi.org/10.1037/0735-7036.115.1.92.

72　Levin, D., & Banaji, M. (2006). Distortions in the perceived lightness of faces: the role of race categories.. Journal of experimental psychology. General, 135 4, 501-12 . https://doi.org/10.1037/0096-3445.135.4.501.

73 Guéguen, N. (2012). Does red lipstick really attract men? An evaluation in a bar. International Journal of Psychological Studies, 4(2), 206-209.

74 Pazda, A., Thorstenson, C., Elliot, A., & Perrett, D. (2016). Women's Facial Redness Increases Their Perceived Attractiveness: Mediation Through Perceived Healthiness. Perception, 45, 739 - 754. https://doi.org/10.1177/0301006616633386.

75 Kobayashi, Y., Matsushita, S., & Morikawa, K. (2017). Effects of Lip Color on Perceived Lightness of Human Facial Skin. I-Perception. https://doi.org/10.1177/2041669517717500

76 Kiritani, Y., Okazaki, A., Motoyoshi, K., Takano, R., & Ookubo, N. (2017). Color illusion on complexion by lipsticks and its impression. The Japanese Journal of Psychonomic Science, 36(1), 4-16.

77 Sadr, J., Jarudi, I., & Sinha, P. (2003). The role of eyebrows in face recognition. Perception, 32(3), 285-293.

78 홍락균, 최훈 (2019). 화장은 남성의 얼굴을 매력적으로 보이게 하는가? 한국심리학회지: 일반, 38(4), 625-646.

79 Edwards, K. (1987). Effects of sex and glasses on attitudes toward intelligence and attractiveness. Psychological Reports, 60(2), 590.

80 Terry, R. L., & Krantz, J. H. (1993). Dimensions of Trait Attributions Associated with Eyeglasses, Men's Facial Hair, and Women's Hair Length. Journal of Applied Social Psychology, 23(21), 1757-1769.

81 Harris, M. B. (1991). Sex Differences in Stereotypes of Spectacles. Journal of Applied Social Psychology, 21(20), 1659-1680.

82 Hasart, J. K., & Hutchinson, K. L. (1993). The effects of eyeglasses on perceptions of interpersonal attraction. Journal of Social Behavior and Personality, 8(3), 521-528.

83 Carbon, C. C. (2020). Wearing face masks strongly confuses counterparts in reading emotions. Frontiers in Psychology, 11, 2526.

84 Ruba, A. L., & Pollak, S. D. (2020). Children's emotion inferences from masked faces: Implications for social interactions during COVID-19. Plos one, 15(12), e0243708.

85 Barrick, E., Thornton, M. A., & Tamir, D. (2020). Mask exposure during COVID-19 changes emotional face processing. doi:10.31234/osf.io/yjfg3

86 Grundmann, F., Epstude, K., & Scheibe, S. (2021). Face masks reduce emotion-recognition accuracy and perceived closeness. Plos one, 16(4), e0249792.

87 Blazhenkova, O., Dogerlioglu-Demir, K., & Booth, R. W. (2022). Masked emotions: Do face mask patterns and colors affect the recognition of emotions? Cognitive research: principles and implications, 7(1), 33. https://doi.org/10.1186/s41235-022-00380-y

88 Miyazaki, Y., & Kawahara, J. I. (2016). The sanitary-mask effect on perceived facial attractiveness. Japanese Psychological Research, 58(3), 261-272.

89 Kamatani, M., Ito, M., Miyazaki, Y., & Kawahara, J. I. (2021). Effects of masks worn to protect against COVID-19 on the perception of facial attractiveness. i-Perception, 12(3), 20416695211027920.

90 Barrick, E., Thornton, M. A., & Tamir, D. (2020). Mask exposure during COVID-19 changes emotional face processing. doi:10.31234/osf.io/yjfg3

91 Bushman, B. J. (1988). The effects of apparel on compliance: A field experiment with a female authority figure. Personality and Social Psychology Bulletin, 14(3), 459-467.

92 Todorov, A., Mandisodza, A. N., Goren, A., & Hall, C. C. (2005). Inferences of competence from faces predict election outcomes. Science, 308(5728), 1623-1626.

93 Willis, J., & Todorov, A. (2006). First impressions: Making up your mind after a 100-ms exposure to a face. Psychological science, 17(7), 592-598.

94 Asch, S. E. (1946). Forming impressions of personality. The Journal of Abnormal and Social Psychology, 41(3), 258-290.

우리는 왜 얼굴에 혹할까

초판 1쇄 발행 2025년 6월 30일

지은이 최훈

펴낸이 조미현
책임편집 김솔지
디자인 이경란
마케팅 이예원, 공태희
제작 이현

펴낸곳 (주)현암사
등록 1951년 12월 24일 (제10-126호)
주소 04029 서울시 마포구 동교로12안길 35
전화 02-365-5051
팩스 02-313-2729
전자우편 editor@hyeonamsa.com
홈페이지 www.hyeonamsa.com

ISBN 978-89-323-2435-7 03180

- 이 책은 저작권법에 따라 보호를 받는 저작물이므로 저작권자와 출판사의 허락 없이 이 책의 내용을 복제하거나 다른 용도로 쓸 수 없습니다.
- 책값은 뒤표지에 있습니다. 잘못된 책은 바꾸어 드립니다.